Zu Tisch!

Das Hausbuch vom Essen und Trinken

Zu Tisch!

Das Hausbuch
vom Essen und Trinken

Herausgegeben von Birgit Lockheimer

Mit Bildern von Sonja Bougaeva

GERSTENBERG

Inhalt

Vorwort 9

Zu Tisch!

... von musizierenden Töpfen,
zankenden Löffeln,
verzauberten Tassen
und gedeckten Tischen

KINDERREIM · Morgens früh um sechs 12

KINDERREIM · Lirum, larum Löffelstiel 12

CHRISTIAN MORGENSTERN · Herr Löffel und Frau Gabel 13

GEORG BYDLINSKI · Küchenkonzert 14

JAMES KRÜSS · Bratugablisches Küchenlied 15

JAMES KRÜSS · Galbolisches Weinlied 15

JÜRG SCHUBIGER · Der Zauberer und die Köchin 16

GERALD JATZEK · Vom Tisch und vom Fisch 18

TOON TELLEGEN · Der gedeckte Tisch 19

WILHELM BUSCH · Geschmackssache 21

HEINRICH HOFFMANN · Die Geschichte vom Zappel-Philipp 22

HANS SACHS · Ein Tischzucht 24

Guten Appetit!

... von vorlauten Brötchen,
fliegenden Knödeln,
weggelaufenen Pfannkuchen
und schwebenden Käselöchern

JÜRG SCHUBIGER	Das große Brot	28
J. W. VON GOETHE	Lotte verteilt Brot an die Kinder	30
WOLFGANG BORCHERT	Das Brot	32
ROBERT GERNHARDT	Brot	35
MARTIN EBBERTZ	Das vorlaute Brötchen	36
HEINRICH HOFFMANN	Die Geschichte vom Suppen-Kaspar	38
JOACHIM RINGELNATZ	Die Suppe sprach mit leisem Mund	39
THEODOR FONTANE	Weiße Rübensuppe	40
THOMAS MANN	Specksuppe für den Prediger	41
JOACHIM RINGELNATZ	Es lebte an diskretem Orte	42
HEINRICH HEINE	Ich wollte, meine Lieder	42
CHRISTINE NÖSTLINGER	Der Bohnen-Jim	43
JOSEF GUGGENMOS	Die Bohne	47
JOHANN HEINRICH VOSS	Die Kartoffelernte	48
MATTHIAS CLAUDIUS	Kartoffellied	49
HERBERT GÜNTHER	Schlechte Zeiten	50
JOSEF GUGGENMOS	Wie war das vor tausend Jahren?	51
HEINZ ERHARDT	Vom Alten Fritz	51
HANNA JOHANSEN	Am liebsten Pommes frites	52
ADA BERTRAM	Die drei Knödel	53
JÜRGEN SPOHN	Tischgespräch	55
MICHAEL ENDE	Ein sehr kurzes Märchen	55
ERICH KÄSTNER	Die Sache mit den Klößen	56

JOSEF GUGGENMOS Spaghetti 58

AXEL HACKE Kostverächter 60

UWE TIMM Die Entdeckung der Currywurst 62

ERICH KÄSTNER Felix holt Senf 64

HEINZ ERHARDT Die Weihnachtsgans 67

HANNA JOHANSEN Das Sonntagshuhn 68

HEINRICH HANNOVER Herrn Aktenstaubs Rehbraten 69

JOSEF GUGGENMOS Tschüs! 70

JOACHIM RINGELNATZ Ach, was sind die Menschen schlecht! 70

SALAH NAOURA Der Fisch 71

WILHELM BUSCH Die Schnecken 72

FREDRIK VAHLE Fischbrötchen denkt an Salat 73

WILHELM BUSCH Pfannkuchen und Salat 76

C. UND TH. COLSHORN Vom dicken fetten Pfannekuchen 78

EDUARD MÖRIKE Auf ein Ei geschrieben 80

HANS MANZ Hans 80

KINDERREIM Bum bam beier 80

HEINRICH SEIDEL Das Huhn und der Karpfen 82

JOSEF GUGGENMOS Müdes, warmes Wetter 83

JAMES KRÜSS Die Biene Liane 84

MARTIN EBBERTZ Der sportliche Emmentaler 86

MAX HUWYLER Die Geschichte von der Geschichte
im Käseloch 88

Süß und sauer

... von lachenden Birnen, knallenden Äpfeln, zitternden Puddings und verschwundener Schokolade

LUDWIG UHLAND	Einkehr	92
FRITZ UND EMILY KOEGEL	Der Bratapfel	93
KINDERREIM	Am Brunnen vor dem Tore	94
THEODOR STORM	Inserat	94
JÜRG SCHUBIGER	Herbstgedicht	95
THEODOR FONTANE	Herr von Ribbeck auf Ribbeck im Havelland	96
STIJN MOEKAARS	Blaubeeren	98
JOSEF GUGGENMOS	Rot leuchten die Johannisbeeren	100
MICHAEL HAMMERSCHMID	blass und süß	101
HANS A. HALBEY	Pampelmusensalat	102
HEINZ ERHARDT	Warum die Zitronen sauer wurden	103
EDWARD VAN DE VENDEL	Pudding	104
HEIKE BRANDT	Die Schokoladentäfelchen	105
MARTIN EBBERTZ	Der Eiskönig	108
KINDERREIM	Backe, backe Kuchen	110
KINDERREIM	Meine Mutter schickt mich her	110
AUGUST H. HOFFMANN	Vom Honigkuchenmann	111
HANNA JOHANSEN	Siebenschläferkuchen	112
TOON TELLEGEN	Eine Torte für jeden	114

Satt und rund

... von schmausenden Mündern, feuchten Kehlen, prallen Bäuchen und rumpelnden Mägen

KARIN GÜNDISCH   Thomas   118

GUDRUN PAUSEWANG   Der Geheimtipp   119

JAMES KRÜSS   Der dicke Mann   124

THOMAS MANN   Weihnachten bei den Buddenbrooks   126

AUGUST H. HOFFMANN   Vom Schlaraffenland   130

WOLFGANG WAGERER   Nach-Speise   132

Verzeichnis der Autoren und Quellen   133

Alphabetisches Verzeichnis   140

Vorwort

Zu Tisch! In diesem einladenden Hausbuch für die ganze Familie dreht sich alles ums Essen und Trinken. Die Geschichten und Gedichte aus sechs Jahrhunderten erzählen von musizierenden Töpfen, vorlauten Brötchen, weggelaufenen Pfannkuchen, zitternden Puddings, lachenden Birnen und rumpelnden Mägen. Das reiche Menü hält literarische Leckerbissen für jeden Geschmack bereit: vom Kinderreim, Nonsensgedicht und Märchen über Kurzgeschichten bis zum Romanauszug. Texte von Michael Ende, Josef Guggenmos, Erich Kästner, Hans Manz, Christine Nöstlinger, Gudrun Pausewang, Jürg Schubiger und Toon Tellegen stehen neben Theodor Fontane, Robert Gernhardt, Thomas Mann, Theodor Storm und Uwe Timm; Bekanntes zum Wiederentdecken neben Unveröffentlichtem zum Kennenlernen, Lustiges neben Nachdenklichem, Texte übers Hungrigsein neben solchen vom Schlemmen und Genießen.

Das Salz in der Geschichten- und Gedichtesuppe aber sind die wunderbar sinnlichen Bilder der Künstlerin Sonja Bougaeva. Gewürzt mit einer tüchtigen Prise Humor machen sie die ebenso abwechslungsreich wie sorgfältig zubereitete Speisefolge zu einem wahren Augenschmaus.

Zu Tisch!

...von musizierenden Töpfen,
zankenden Löffeln,
verzauberten Tassen
und gedeckten Tischen

Morgens früh um sechs

Morgens früh um sechs
kommt die kleine Hex;
morgens früh um sieben
schabt sie gelbe Rüben;
morgens früh um acht
wird der Kaffee gemacht;
morgens früh um neune
geht sie in die Scheune;
morgens früh um zehne
holt sie Holz und Späne;
feuert an um elfe,
kocht sie bis um zwölfe
Fröschebein und Krebs und Fisch.
Hurtig, Kinder, kommt zu Tisch!

KINDERREIM

Lirum, larum Löffelstiel

Lirum, larum Löffelstiel,
alte Weiber essen viel,
junge müssen fasten.
Das Brot, das liegt im Kasten,
der Wein, der ist im Keller,
lauter Muskateller,
das Messer liegt daneben,
ei, was ein lustig Leben!

KINDERREIM

Herr Löffel und Frau Gabel

Herr Löffel und Frau Gabel,
die zankten sich einmal.
Der Löffel sprach zur Gabel:
»Frau Gabel, halt den Schnabel,
du bist ja bloß aus Stahl!«

Frau Gabel sprach zum Löffel:
»Ihr seid ein großer Töffel
mit Eurem Gesicht aus Zinn,
und wenn ich Euch zerkratze
mit meiner Katzentatze,
so ist Eure Schönheit hin!«

Das Messer lag daneben
und lachte: Gut gegeben!
Der Löffel aber fand:
Mit Herrn und Frau aus Eisen
ist nicht gut Kirschen speisen,
und küsste Frau Gabel galant – die Hand.

CHRISTIAN MORGENSTERN

13

Küchenkonzert

für Friedl Hofbauer

Klopf
ganz leise auf den Topf.
Mit dem Löffel macht's klack,
mit der Schneerute kling.
Klopf ganz leise – und dann sing:

»Klopf, klopf, klopf,
ich klopfe auf den Topf,
ich klopfe auf den Küchentopf,
ich habe einen roten Schopf,
kling, kling, kling,
und ich sing!

Klack, klack, klack,
ich klopf den ganzen Tag,
ich klopf den ganzen Vormittag,
weil ich am Nachmittag nicht mag,
kling, kling, kling,
und ich sing!

Kling, kling, kling,
was ist das für ein Ding?
Das ist ein alter Küchentopf,
vor dem ich sitz, auf den ich klopf,
klack, klack, klang,
dazu mach ich Gesang!«

Klopf
ganz leise auf den Topf.
Mit dem Löffel macht's klack,
mit der Schneerute kling.
Klopf ganz leise – und dann sing!

GEORG BYDLINSKI

14

Bratugablisches Küchenlied

Mästat gabil löftat reibil
Estigt olil gustat wolm
Rachu fangul filätt schaibil
Braturt backlit schaumirt scholm
Löftat reibil
Filätt schaibil
Braturt backlit schaumirt scholm

Sidur sossek bitstäk saidul
Esterl schmatzek bibul balg
Torti kekatz kremt tek kraidul
Gustis gastris waichtiwalg
Bitstäk saidul
Kremt tek kraidul
Gustis gastris waichtiwalg

JAMES KRÜSS

Galbolisches Weinlied

Glugsal glak
Glugsal glak
Vivalito shabranak
Trini trani seufaliri
Dranku wanku boratschiri
Glugsal glak
Glugsal glak
Vivalito shabranak

Litiri
Litiri
Shampin jaku shnopstati
Galgul gulgal vidawoni
Arbuglantir laturoni
Litiri
Litiri
Shampin jaku shopstati

JAMES KRÜSS

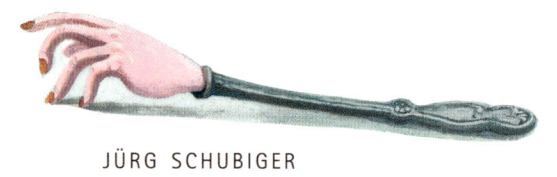

JÜRG SCHUBIGER

Der Zauberer und die Köchin

Susanne wurde von einem Zauberer in eine Tasse verzaubert, eine Teetasse mit blauem Blumenmuster.

Wieso ausgerechnet eine Tasse? Wäre eine Katze nicht passender gewesen oder ein Haselstrauch? – Sicher. Doch es war so, dass der Zauberer wohl alles verzaubern konnte, Mädchen, Blumensträuße, Fahrräder, aber eben nur in Tassen, Teller, Schüsseln und so weiter. Er hatte sich auf Geschirr spezialisiert. Schon Messer und Gabeln gelangen ihm selten. Seine Gabeln hatten zum Beispiel Finger statt Zinken und den Messern wuchsen Haare am Griff. So hatte sich im Haus des Zauberers sehr viel Geschirr angesammelt. Was sollte er aber damit? Er hatte ja keine Frau und keine Kinder und die Verwandten lebten weit weg in Uruguay. Eine Köchin, dachte er, müsste mit dem Geschirr etwas anfangen können. Also stellte er eine Köchin an.

Als die Frau in die Küche kam, war es ihr gleich sehr komisch, als sei sie von ringsherum, von allen Gestellen herab, beobachtet. Sie ging hinaus, um sich zu kämmen, und kam mit roten Lippen und schwarzen Wimpern zurück. So fühlte sie sich sicherer. Da sie klug und erfahren war, merkte sie bald, mit was für Geschirr und was für einem Mann sie es zu tun hatte. Und sie beschloss, Ordnung zu schaffen in diesem Haushalt.

Am nächsten Tag belauschte sie den Zauberer, der eben einen jungen Mann, der Tom hieß, in einen Suppentopf verwandelte. Als der Zauberer das neue Stück auf den Küchentisch stellte, rief sie: »Um Himmels willen, noch ein Suppentopf!«

Der Zauberer fragte erschrocken: »Können Sie ihn nicht gebrauchen?«

»Was mir fehlt, ist ein Teekrug«, sagte sie.

Da nahm der Zauberer den Suppentopf wieder und ging in seine Werkstatt zurück. Die Köchin hörte ihn flüstern: »Fpotneppus.« Sie war ihm leise gefolgt. Durchs Schlüsselloch sah sie, wie der Topf in Stücke zerbrach. In den Scherben saß der junge Mann, der Tom hieß. Man brauchte also das Wort bloß rückwärts zu sprechen und der Zauber war gebrochen.

16

Die Köchin lief in die Küche, um auszuprobieren, was sie gelernt hatte. Sie stellte die weiße Tasse mit dem blauen Blumenmuster auf den Tisch. »Essateet«, sagte sie. Schon kniete tatsächlich Susanne vor ihr, eine helle Scherbe in den dunklen Locken.

Nun ging alles sehr schnell. »Gurkeet!«, rief die Köchin dem Zauberer schon von Weitem entgegen, als er mit einem weißen Teekrug mit blauem Blumenmuster daherkam. Damit war Tom zum zweiten Mal erlöst. Er kniete vor Susanne nieder und sie streichelte seinen Kopf. Und der Zauberer legte eine Hand auf die Schulter der Köchin.

Was? War er nicht wütend? – Nein, verliebt. – Bereute er seine Taten? – Hoffen wir es.

Die Köchin flüsterte ihm ins Ohr: »Sie lernen mir noch ein ehrliches Handwerk, lieber Nichtsnutz!«

Es gab eine doppelte Hochzeit, zu der viele Gäste geladen waren, nämlich alles erlöste Geschirr.

Und woraus aßen und tranken die Leute? – Keine Ahnung.

GERALD JATZEK

Vom Tisch und vom Fisch

Es war einmal ein einfacher Holztisch mit vier Beinen. Der stand im Wohnzimmer und trug eine Vase auf seiner Platte. In der Lade bewahrte er das Besteck auf. Manchmal wackelte er ein bisschen, aber er klagte nie, wenn jemand die Suppe verschüttete. Und er war stolz auf seine Tischtücher, die jeden Freitag wechselten.

Er hatte tische Ideen, fühlte sich tischig und fand das Leben tischartig. Kurz, er war zufrieden mit sich und der Welt. Zumindest bis zu dem Tag, an dem das Aquarium auftauchte. Genau gesagt lag es nicht am Aquarium, sondern an dem Karpfen darin. Der glotzte böse und nannte den Tisch einen hölzernen Gesellen. »Und besonders hell auf der Platte bist du auch nicht«, fügte er hinzu.

Der Tisch war sein Lebtag mit allen gut ausgekommen. Umso weniger konnte er mit den Sticheleien des Fisches anfangen. »Was soll der Unsinn«, sagte er. Und fügte versöhnlich hinzu: »Hör mal, wir reimen uns sogar, du und ich.«

»Ich glaube, in dir ist der Holzwurm«, höhnte der Fisch. »Vielleicht kannst du dem deine Lügen auftischen. Mir ist jedenfalls kein Reim auf Karpfen bekannt! Du bist nun mal kein Fisch, also mach gefälligst keine Wellen!« Sprach's und wandte dem Tisch seine Schwanzflosse zu.

In der Folge wurde der Karpfen immer frecher und fetter. Behäbig ruderte er durch das Aquarium, und wenn er das Maul öffnete, kam eine Beleidigung heraus. Er machte sich über die Muster der Tischtücher lustig und spottete, wenn die Lade klemmte.

Der Tisch wäre am liebsten ins Schlafzimmer ausgewandert, aber niemand trug ihn dorthin. So ging das bis Weihnachten. Da wurde der Fisch aus dem Aquarium geholt und kam kurz darauf gebacken auf den Tisch.

Das war dem Tisch natürlich lieber als umgekehrt. Aber als er die Menschen kauen und schmatzen hörte, verstand er den Fisch ein bisschen. Obwohl er nur ein einfacher Holztisch war.

18

TOON TELLEGEN

Der gedeckte Tisch

An einem sonnigen Morgen machten Eichhorn und die Ameise einen Spaziergang durch den Wald. Die Ameise erklärte Eichhorn beim Gehen, warum die Sonne schien und warum der Regen, wenn er fiel, in Tropfen fiel und nicht als Blätter. Eichhorn nickte, sagte ab und zu »ja« und dachte an andere Dinge.

Allmählich kamen sie in einen Teil des Waldes, den sie nicht so gut kannten.

»Aber ich weiß genau, wo wir sind«, sagte die Ameise.

»Du weißt alles«, sagte Eichhorn.

»So gut wie alles«, sagte die Ameise und fügte hinzu: »Weißt du übrigens, warum ein Baum in die Höhe wächst und nicht zur Seite? Zur Seite wäre doch viel bequemer.«

Eichhorn wusste es nicht und hätte es bestimmt erfahren, wenn sie nicht auf eine kleine Lichtung gekommen wären. Sie kannten den Ort nicht und wussten nicht, wer hier wohnte.

Mitten auf der Lichtung stand ein großer gedeckter Tisch mit Tellern und Gläsern und Schüsseln voll mit den herrlichsten Gerichten. Einige der Gerichte dampften, andere schienen noch zu köcheln oder ließen süße Düfte aufsteigen.

»Hm!«, sagte die Ameise und musste sich zwingen, nicht gleich den Finger in irgendetwas zu stecken.

Niemand war zu sehen.

»Hallo!«, rief Eichhorn.

»Herzlichen Glückwunsch!«, rief die Ameise.

»Ist da jemand?«, fragte Eichhorn.

»Wir fangen schon mal an!«, rief die Ameise, deren Blick auf einen großen Zuckerkringel gefallen war. Eichhorn konnte sie gerade noch zurückhalten.

Es gab nicht den kleinsten Windhauch, die Sonne schien, der Zucker schmolz und im weiten Umkreis war niemand zu sehen.

»Ich zähle bis drei«, sagte die Ameise und begann sofort zu zählen.

»Tja«, sagte Eichhorn, »ich weiß nicht …«

»Drei«, sagte die Ameise. Danach hörte sie nichts mehr und probierte alles. Etwas später nahm Eichhorn auch einen Bissen.

So saßen sie eine ganze Weile und schleckten. Die Sonne ging schon langsam unter, als sie schließlich aufstanden und sich daranmachten, Schritt für Schritt nach Hause zu gehen.

Plötzlich hörten sie eine Stimme. »Danke, ich danke euch.«

Sie schauten sich um. Da sahen sie die Libelle, die fast unsichtbar in einem Strauch auf einem Zweig saß.

»Oh, nimm's uns nicht übel«, sagte Eichhorn. Die Ameise war nicht imstande, etwas hinzuzufügen.

»Wisst ihr«, sagte die Libelle, »ich habe immer Angst, dass ich zu wenig habe oder dass die Sachen nicht schmecken, deshalb verstecke ich mich. Wenn dann jemand nichts will oder es ihm nicht schmeckt, nun, dann bin ich nicht da.«

»Oh, Libelle«, sagte Eichhorn.

Die Libelle wurde rot und wich ein wenig zurück.

»Den Rest meines Geburtstags feiere ich allein«, sagte sie schnell.

»Morgen bringe ich dir ein Geschenk«, sagte Eichhorn.

Die Ameise nickte mit einiger Mühe.

»Was magst du gern?«, rief Eichhorn.

Aber die Libelle war schon hinter einem Blatt verschwunden.

Es war früher Abend und ihr Geburtstag.

Geschmackssache

Dies für den und das für jenen.
Viele Tische sind gedeckt.
Keine Zunge soll verhöhnen,
was der andern Zunge schmeckt.

Lasse jedem seine Freuden,
gönn ihm, dass er sich erquickt,
wenn er sittsam und bescheiden
auf den eignen Teller blickt.

Wenn jedoch bei deinem Tisch er
unverschämt dich neckt und stört,
dann so gib ihm einen Wischer,
dass er merkt, was sich gehört.

WILHELM BUSCH

Die Geschichte vom Zappel-Philipp

»Ob der Philipp heute still
wohl bei Tische sitzen will?«
Also sprach in ernstem Ton
der Papa zu seinem Sohn
und die Mutter blickte stumm
auf dem ganzen Tisch herum.
Doch der Philipp hörte nicht,
was zu ihm der Vater spricht.
Er gaukelt
und schaukelt,
er trappelt
und zappelt
auf dem Stuhle hin und her.
»Philipp, das missfällt mir sehr!«

Seht, ihr lieben Kinder, seht,
wie's dem Philipp weiter geht!
Oben steht es auf dem Bild.
Seht! Er schaukelt gar zu wild,
bis der Stuhl nach hinten fällt;
da ist nichts mehr, was ihn hält;
nach dem Tischtuch greift er, schreit.
Doch was hilft's? Zu gleicher Zeit
fallen Teller, Flasch' und Brot,
Vater ist in großer Not
und die Mutter blicket stumm
auf dem ganzen Tisch herum.

Nun ist Philipp ganz versteckt
und der Tisch ist abgedeckt.
Was der Vater essen wollt',
unten auf der Erde rollt;
Suppe, Brot und alle Bissen,
alles ist herabgerissen;
Suppenschüssel ist entzwei
und die Eltern stehn dabei.
Beide sind gar zornig sehr,
haben nichts zu essen mehr.

HEINRICH HOFFMANN

Ein Tischzucht

Hör, Mensch! wenn du zu Tisch willt gahn,
dein Händ sollt du gewaschen han.
Lang Nägel ziemen gar nit wohl,
die man heimlich abschneiden soll.
Am Tisch setz dich nit oben an,
der Hausherr wölls dann selber han!
De Benedeiung nit vergiss!
In Gottes Nam heb an und iss!
Den Ältisten anfahen lass!
Nach dem iss züchtiglichermaß!
Nit schnaude oder säuisch schmatz!
Nit ungestüm nach dem Brot platz,
dass du kein Gschirr umstoßen tust!
Das Brot schneid nit an deiner Brust!
Das gschnitten Brot oder Weck
mit dein Händen nit verdeck
und brock nit mit den Zähnen ein
und greif auch für dein Ort allein!

Tu nicht in der Schüssel umstühren!
Darüberhaltn will nit gebührn.
Nehm auch den Löffel nit zu voll!
Wenn du dich treifst, das steht nit wohl.
Greif auch nach keiner Speise mehr,
bis dir dein Mund sei worden leer!
Red nicht mit vollem Mund! Sei mäßig!
Sei in der Schüssel nit gefräßig,
der allerletzt drin ob dem Tisch!
Zerschneid das Fleisch und brich den Fisch
und käue mit verschlossem Mund!
Schlag nit die Zung aus gleich eim Hund,
zu ekeln! Tu nit geizig schlinken!
Und wisch den Mund, eh du willt trinken,
dass du nit schmalzig machst den Wein!
Trink sittlich und nit hust darein!
Tu auch nit grölzen oder kreisten!

Schütt dich auch nit, halt dich am weisten!
Setz hübschlich ungeschüttet nieder!
Bring keim andern zu bringen wieder!
Füll kein Glas mit dem andern nicht!
Wirf auch auf niemand dein Gesicht,
als ob du merkest auf sein Essen!
Wer neben dir zu Tisch ist gsessen,
den irre nit mit den Ellenbogen!
Sitz aufgerichtet, fein geschmogen!
Ruck nit hin und her auf der Bank,
dass du nit machest ein Gestank!
Dein Füß lass unterm Tisch nit gampern
und hüt dich auch vor allen schambern
Worten, Nachredn, Gespött, Tät, Lachen!
Sei ehrberlich in allen Sachen!
In Buhlerei lass dich nit merken!
Tu auch niemand auf Hader stärken!
Gezänk am Tisch gar übel staht.
Sag nichts, darob man Grauen hat,
und tu dich auch am Tisch nit schneuzen,
dass ander Leut an dir nit scheuzen!
Geh nit umzausen in der Nasen!
Des Zahnstührens sollt du dich maßen!

Im Kopf sollt du dich auch nit krauen!
Dergleichen Maid, Jungfrau und Frauen
solln auch keim Floch hinunterfischen.
Ans Tischtuch soll sich niemand wischen.
Auch leg den Kopf nit in die Händ!
Leihn dich nit hinten an die Wänd,
bis dass des Mahls hab sein Ausgang!
Denn sag Gott heimlich Lob und Dank,
der dir dein Speise hat beschert,
aus väterlicher Hand ernährt!
Nach dem sollt du vom Tisch aufstehn,
dein Händ waschen und wieder gehn
an dein Gewerb und Arbeit schwer.
So sprichet Hans Sachs, Schuhmacher.

HANS SACHS

Guten Appetit!

... von vorlauten Brötchen,
fliegenden Knödeln,
weggelaufenen Pfannkuchen
und schwebenden Käselöchern

JÜRG SCHUBIGER

Das große Brot

In einer Stadt lebte ein Bäcker, der einen großen Ofen besaß. Der Ofen war so groß wie eine Kirche.

An einem Abend nahm dieser Bäcker seine ganzen Vorräte zusammen. Er trug Säcke mit Mehl aus der Kammer, dann trug er Wasser, Salz und Hefe herbei. Den Teig knetete er in einem Trog, in dem zwanzig Leute Platz gehabt hätten. Er stieg hinein und der Teig reichte ihm bis an die Schultern. Der Bäcker knetete mit Händen und Füßen. Dann streute er Mehl und rollte den Teig zu einem Haufen zusammen. Da lag nun ein großer Laib, der größer und größer wurde. Der Bäcker fuhr sein Holz auf einem Karren herbei. Er baute einen Wall um den Laib herum und zündete ihn an. Die Hitze wurde so groß, dass die Nachbarn in ihren Betten zu schwitzen anfingen. Als der Morgen kam, war das Feuer erloschen. Das fertige Brot lag da. »Gut so«, sagte der Bäcker zu sich und zum Brot. Er band Seile rings um den Brotlaib und schirrte sein Pferd an. Dann stieg er in den Sattel und ritt aus dem Ofen hinaus. Er ritt durch das Tor seines Hauses, zog das Brot hinter sich her.

Auf einem Platz hielt er an, um alle Hungrigen zusammenzurufen. Er sagte: »Ich habe für euch ein Brot gebacken. Esst, so viel ihr wollt!« Die Hungrigen aßen, bis sie genug hatten, und die Kinder kletterten auf dem Brot herum. Das Brot war noch beinahe so groß wie am Anfang. Als der Bäcker das sah, bestieg er sein Pferd und ritt mit dem Brot ins Waisenhaus. Dort sagte er: »Ich habe für euch ein Brot gebacken!« Die Waisen aßen, so viel sie konnten, aber dem Brot sah man kaum etwas an, obwohl der Waisenvater auch davon aß und ein großes Stück für die kommenden Tage aufhob. Der Bäcker ritt weiter und kam zum Gefängnis. Hier lud er die Gefangenen ein: »Esst, so viel ihr wollt!« Die Gefangenen und ihre Wärter aßen. Sie rissen mächtige Stücke vom Brotlaib und trugen sie weg. Aber das Brot veränderte sich nur wenig.

Gegen Abend kehrte der Bäcker auf den Platz zurück. Alle Leute waren satt; sie standen um das Brot herum und redeten miteinander. Da gab der Bäcker auch dem Pferd von seinem Brot zu fressen.

Als es Nacht war, trat eine blonde Frau auf den Platz. »Bäcker, gib mir von deinem Brot«, sagte sie, »ich habe Hunger.« Die Frau war so schön, dass der Bäcker sie umarmte und küsste. Er gab ihr von seinem Brot. Dann legten beide die Kleider ab. Sie gruben miteinander ein Loch in den Weichteil des Brotes und stiegen in den Brotlaib hinein. Drinnen lachten sie und schliefen miteinander. Als es tagte, waren beide so hungrig, dass sie das ganze Brot verzehrten.

Wenn man einen Bissen Brot sehr lange kaut, wird er süß. Und wenn man ein Wort sehr oft vor sich hin sagt, wird es fremd. »Brot« zum Beispiel heißt einfach Brot und »Brotbrotbrotbrotbrotbrotbrotbrotbrotbrotbrotbrotbrotbrot...« heißt plötzlich nichts mehr oder etwas anderes. Wenn dann das Wort wildfremd klingt, so ist es am besten, man atmet ein paarmal tief ein, rührt sich nicht mehr und wartet, bis »Brot« wieder Brot heißt.

Lotte verteilt Brot an die Kinder

Ich war ausgestiegen und eine Magd, die ans Tor kam, bat uns, einen Augenblick zu verziehen, Mamsell Lottchen würde gleich kommen. Ich ging durch den Hof nach dem wohlgebauten Hause, und da ich die vorliegenden Treppen hinaufgestiegen war und in die Tür trat, fiel mir das reizendste Schauspiel in die Augen, das ich je gesehen habe. In dem Vorsaale wimmelten sechs Kinder von eilf zu zwei Jahren um ein Mädchen von schöner Gestalt, mittlerer Größe, die ein simples weißes Kleid, mit blassroten Schleifen an Arm und Brust, anhatte. Sie hielt ein schwarzes Brot und schnitt ihren Kleinen ringsherum jedem sein Stück nach Proportion ihres Alters und Appetits ab, gab's jedem mit solcher Freundlichkeit und jedes rief so ungekünstelt sein: »Danke!«, indem es mit den kleinen Händchen lange in die Höhe gereicht hatte, ehe es noch abgeschnitten war, und nun mit seinem Abendbrote vergnügt entweder wegsprang oder nach seinem stillern Charakter gelassen davonging nach dem Hoftore zu, um die Fremden und die Kutsche zu sehen, darin ihre Lotte wegfahren sollte. – »Ich bitte um Vergebung«, sagte sie, »dass ich Sie hereinbemühe und die Frauenzimmer warten lasse. Über dem Anziehen und allerlei Bestellungen fürs Haus in meiner Abwesenheit habe ich vergessen, meinen Kindern ihr Vesperbrot zu geben, und sie wollen von niemandem Brot geschnitten haben als von mir.« – Ich machte ihr ein unbedeutendes Kompliment, meine ganze Seele ruhte auf der Gestalt, dem Tone, dem Betragen, und ich hatte eben Zeit, mich von der Überraschung zu erholen, als sie in die Stube lief, ihre Handschuhe und den Fächer zu holen.

WOLFGANG BORCHERT

Das Brot

Plötzlich wachte sie auf. Es war halb drei. Sie überlegte, warum sie auf-gewacht war. Ach so! In der Küche hatte jemand gegen einen Stuhl ge-stoßen. Sie horchte nach der Küche. Es war still. Es war zu still, und als sie mit der Hand über das Bett neben sich fuhr, fand sie es leer. Das war es, was es so besonders still gemacht hatte: Sein Atem fehlte. Sie stand auf und tappte durch die dunkle Wohnung zur Küche. In der Küche tra-fen sie sich. Die Uhr war halb drei. Sie sah etwas Weißes am Küchen-schrank stehen. Sie machte Licht. Sie standen sich im Hemd gegenüber. Nachts. Um halb drei. In der Küche.

Auf dem Küchentisch stand der Brotteller. Sie sah, dass er sich Brot ab-geschnitten hatte. Das Messer lag noch neben dem Teller. Auf der Decke lagen Brotkrümel. Wenn sie abends zu Bett gingen, machte sie immer das Tischtuch sauber. Jeden Abend. Aber nun lagen Krümel auf dem Tuch. Und das Messer lag da. Sie fühlte, wie die Kälte der Fliesen lang-sam an ihr hochkroch. Und sie sah von dem Teller weg.

»Ich dachte, hier wär was«, sagte er und sah in der Küche umher.

»Ich habe auch was gehört«, antwortete sie und dabei fand sie, dass er nachts im Hemd doch schon sehr alt aussah. So alt, wie er war. Dreiund-sechzig. Tagsüber sah er manchmal jünger aus. Sie sieht doch schon alt aus, dachte er, im Hemd sieht sie doch ziemlich alt aus. Aber das liegt vielleicht an den Haaren. Die machen dann auf einmal so alt.

»Du hättest Schuhe anziehen sollen. So barfuß auf den kalten Fliesen. Du erkältest dich noch.«

Sie sah ihn nicht an, weil sie es nicht ertragen konnte, dass er log. Dass er log, nachdem sie nun neununddreißig Jahre verheiratet waren.

»Ich dachte, hier wäre was«, sagte er noch einmal und sah wieder so sinn-los von einer Ecke in die andere, »ich hörte hier was. Da dachte ich, hier wäre was.«

»Ich hab auch was gehört. Aber es war wohl nichts.«
Sie stellte den Teller vom Tisch und schnippte die
Krümel von der Decke.

»Nein, es war wohl nichts«, echote er unsicher.

Sie kam ihm zu Hilfe: »Komm man. Das war wohl
draußen. Komm man zu Bett. Du erkältest dich
noch. Auf den kalten Fliesen.«

Er sah zum Fenster hin. »Ja, das muss wohl draußen
gewesen sein. Ich dachte, es wäre hier.«

Sie hob die Hand zum Lichtschalter. Ich muss das
Licht jetzt ausmachen, sonst muss ich nach dem Teller sehen, dachte sie. Ich darf doch nicht nach dem
Teller sehen. »Komm man«, sagte sie und machte das
Licht aus, »das war wohl draußen. Die Dachrinne
schlägt immer bei Wind gegen die Wand. Es war sicher die Dachrinne. Bei Wind klappert sie immer.«

Sie tappten sich beide über den dunklen Korridor
zum Schlafzimmer. Ihre nackten Füße platschten
auf den Fußboden.

»Wind ist ja«, meinte er. »Wind war schon die ganze
Nacht.«

Als sie im Bett lagen, sagte sie: »Ja, Wind war schon
die ganze Nacht. Es war wohl die Dachrinne.«

»Ja, ich dachte, es wäre in der Küche. Es war wohl
die Dachrinne.« Er sagte das, als ob er schon halb im
Schlaf wäre.

Aber sie merkte, wie unecht seine Stimme klang,
wenn er log.

»Es ist kalt«, sagte sie und gähnte leise, »ich krieche
unter die Decke. Gute Nacht.«

»Nacht«, antwortete er und noch: »Ja, kalt ist es
schon ganz schön.«

Dann war es still. Nach vielen Minuten hörte sie,

33

dass er leise und vorsichtig kaute. Sie atmete tief und gleichmäßig, damit er nicht merken sollte, dass sie noch wach war. Aber sein Kauen war so regelmäßig, dass sie davon einschlief.

Als er am nächsten Abend nach Hause kam, schob sie ihm vier Scheiben Brot hin. Sonst hatte er immer nur drei essen können.

»Du kannst ruhig vier essen«, sagte sie und ging von der Lampe weg. »Ich kann dieses Brot nicht so recht vertragen. Iss du man eine mehr. Ich vertrag es nicht so gut.«

Sie sah, wie er sich tief über den Teller beugte. Er sah nicht auf. In diesem Augenblick tat er ihr leid.

»Du kannst doch nicht nur zwei Scheiben essen«, sagte er auf seinen Teller.

»Doch. Abends vertrag ich das Brot nicht gut. Iss man. Iss man.«

Erst nach einer Weile setzte sie sich unter die Lampe an den Tisch.

Brot

Brot ist ein besondres Wort.
Ich erkläre das sofort.
Und zwar in sieben Schritten:
Darf ich um Ruhe bitten?

1. Eine Woche ohne Brot
   heißt für dich: Du bist in Not.
2. Noch 'ne Woche ohne Brot,
   und du bist so gut wie tot.
3. Einen Monat ohne Brot
   überlebst du nicht, Idiot.
4. Soll er rauchen, meint: dein Schlot,
   dann versorge ihn mit Brot.
5. Isst du Tag für Tag dein Brot,
   färbt es deine Wangen rot.
6. Merke dir: Du und dein Brot,
   ihr sitzt in demselben Boot.

   Bleibt ein allerletzter Schritt,
   dann sind sieben voll.
   Dabei weiß ich nicht einmal,
   wie ich's sagen soll:

7. Ob du Brötchen kaust, ob Brot –
   am End wird alles Brot zu Ko...stbarem Dünger.

ROBERT GERNHARDT

MARTIN EBBERTZ

Das vorlaute Brötchen

Ein Junge wackelte auf seinem Stuhl herum und wollte in sein Brötchen beißen, da rief das Brötchen: »Halt! Nicht beißen! Bitte nicht beißen!«

Vor Schreck fiel der Junge vom Stuhl. Das Brötchen prustete vor Lachen.

»Kommt davon, wenn man mit dem Stuhl wackelt«, rief es und klatschte in die Hände, oder genauer: Die beiden Hälften klatschten auf und zu.

»Mach du dich lustig«, sagte der Junge empört und rieb sich den Hintern.

»Mach ich glatt«, sagte das Brötchen.

Der Junge wollte es beißen, aber dann ließ er es doch. Ein sprechendes Brötchen schluckt man nicht so einfach runter.

»Nichts zu danken«, sagte das Brötchen.

»Wie nichts zu danken?«, fragte der Junge.

»Na, ist doch wohl selbstverständlich, dass du mich nicht beißt«, erklärte das Brötchen. »Alles andere wäre ziemlich ungezogen, nicht wahr?«

»Ich glaube, ich habe dir das Leben gerettet«, sagte der Junge.

Vielleicht doch aus Dankbarkeit folgte das Brötchen dem Jungen auf Schritt und Tritt.

Das wäre ja noch gegangen, obwohl es komisch ist, wenn einem ständig ein Brötchen nachläuft. Aber noch dazu redete das Brötchen immer dazwischen, kaum dass der Junge etwas gesagt hatte.

Sagte der Junge: »Guten Morgen!«, rief das Brötchen: »Was heißt hier guten Morgen? Der Tag hat gerade erst begonnen. Kann man doch noch gar nicht wissen, ob es ein guter Morgen ist.«

Sagte der Junge: »Ich habe Hunger«, rief das Brötchen: »Hunger ist etwas Widerwärtiges. Mein Vater und mein Großonkel sind vor Hunger gestorben.«

»Wieso denn das?«, fragte der Junge.

»Na ja, sie wurden aufgegessen«, sagte das Brötchen.

So ging das den ganzen Tag. Der Junge konnte keinen Satz sagen, ohne dass das Brötchen ihn unterbrach.

Schließlich packte er ganz genervt das Brötchen und hielt es dicht vor den Mund.

»Kannst du mal eine Minute nichts sagen?«, fragte der Junge.

»Ausgeschlossen!«, rief das Brötchen. »Völlig ausgeschlossen. In Amerika gab es mal ein Käsesandwich, das hat fast eine Minute nichts gesagt. Und was ist passiert? Es hat ihm die Sprache verschlagen. Als es wieder reden wollte, konnte es nicht mehr. Es war stumm wie ein Fischbrötchen!«

Da biss der Junge ins Brötchen.

»Nicht aufessen!«, schrie es. »Ich warne dich! In Amerika hat mal ein Mädchen in ein Toastbrot gebissen. Da hat das Toastbrot aus Rache das ganze Mädchen aufgegessen.«

»Hier ist nicht Amerika«, sagte der Junge. Dann aß er das Brötchen auf. Und dann war es still.

Die Geschichte vom Suppen-Kaspar

Der Kaspar, der war kerngesund,
ein dicker Bub und kugelrund,
er hatte Backen rot und frisch;
die Suppe aß er hübsch bei Tisch.
Doch einmal fing er an zu schrei'n:
»Ich esse keine Suppe! Nein!
Ich esse meine Suppe nicht!
Nein, meine Suppe ess ich nicht!«

Am nächsten Tag – ja sieh nur her!
Da war er schon viel magerer.
Das fing er wieder an zu schrei'n:
»Ich esse keine Suppe! Nein!
Ich esse meine Suppe nicht!
Nein, meine Suppe ess ich nicht!«

Am dritten Tag, o weh und ach!
Wie ist der Kaspar dünn und schwach!
Doch als die Suppe kam herein,
gleich fing er wieder an zu schrei'n:
»Ich esse keine Suppe! Nein!
Ich esse meine Suppe nicht!
Nein, meine Suppe ess ich nicht!«

Am vierten Tage endlich gar
der Kaspar wie ein Fädchen war.
Er wog vielleicht ein halbes Lot –
und war am fünften Tage tot.

HEINRICH HOFFMANN

38

Die Suppe sprach mit leisem Mund:
»Die Kinder mach ich stark – gesund!
Wenn ihr's nicht glaubt, so seid jetzt still
und horcht, was ich erzählen will.

Im Wald, wo Wind und Wetter braust,
hat eine Hexe einst gehaust,
die hatte viele Kinderlein,
die sperrte in den Wald sie ein,
gab ihnen nichts zu essen mehr;
die Kinder plagt' der Hunger sehr.
Doch eine Fee, die wusste dies;
darum sie Suppe regnen ließ.
Da kamen schnell die Kinderlein
und fingen sie in Töpfchen ein
und wurden groß und kräftig sehr,
die Hex' konnt' sie nicht halten mehr,
und kamen glücklich in die Stadt –
die Suppe sie gerettet hat!«

JOACHIM RINGELNATZ

Weiße Rübensuppe

»Rindfleisch schlage, stampfe, klopfe,
brüh es ab im irdnen Topfe,
Spargelschnitzel, Portulacke
nimm aus sauberm Sommersacke,

Morcheln, eine ganze Sippe,
ziehe von der Fensterstrippe,
Petersilie, Kohl vom Wirsich,
Sellerie (den ›Bowlenpfirsich‹),

gelbe Möhren, große, runde,
lass sie kochen eine Stunde,
lass sie kochen, bis die Trübe
klar sich schäumt, dann Rübe, Rübe,
weiße Rübe schnell hinein,
und so wird's gelungen sein.«

THEODOR FONTANE

40

THOMAS MANN

Specksuppe für den Prediger

Zuweilen, wenn die Konsulin an Migräne litt, war es Madame Grünlichs Sache, die Wirtschaft zu besorgen und das Menü zu bestimmen. Eines Tages, als eben ein fremder Prediger, dessen Appetit die allgemeine Freude erregte, im Hause zu Gast war, ordnete sie heimtückisch Specksuppe an, das städtische Spezialgericht, eine mit säuerlichem Kraute bereitete Bouillon, in die man das ganze Mittagsmahl: Schinken, Kartoffeln, saure Pflaumen, Backbirnen, Blumenkohl, Erbsen, Bohnen, Rüben und andere Dinge mitsamt der Fruchtsoße hineinrührte und die niemand auf der Welt genießen konnte, der nicht von Kindesbeinen daran gewöhnt war.

»Schmeckt es? Schmeckt es, Herr Pastor?«, fragte Tony beständig… »Nein? O Gott, wer hätte das gedacht!« Und dabei machte sie ein wahrhaft spitzbübisches Gesicht und ließ ihre Zungenspitze, wie sie es zu tun pflegte, wenn sie einen Streich erdachte oder ausführte, ganz leicht an der Oberlippe spielen. Der dicke Herr legte mit Ergebung den Löffel nieder und sagte arglos: »Ich werde mich an das nächste Gericht halten.«

»Ja, es gibt noch ein kleines Après«, sagte die Konsulin hastig… denn ein »nächstes Gericht« war nach dieser Suppe undenkbar und trotz einiger arme Ritter mit Apfelgelee, welche nachfolgten, musste der betrogene Geistliche, während Tony vor sich hin kicherte und Tom mit Selbstüberwindung eine Braue emporzog, sich ungesättigt vom Tische erheben…

Es lebte an diskretem Orte
ein Stückchen Seife bester Sorte
in einem Porzellanbehälter.
Das ward mit jedem Tage älter.
Weil es mit Moschusduft durchhaucht,
ward es vom Menschen gern gebraucht.
Einstmals – das Wann und Wie ist schnuppe –
geriet es in die Erbsensuppe.
Der Mensch benahm sich miserabel.
Er stach die Seife mit der Gabel,
beroch sie roh und rief: »Pfui Spinne!«
Da schwanden ihr vor Angst die Sinne.

JOACHIM RINGELNATZ

Ich wollte, meine Lieder,
das wären Erbsen klein:
Ich kocht' eine Erbsensuppe,
die sollte köstlich sein.

HEINRICH HEINE

CHRISTINE NÖSTLINGER

Der Bohnen-Jim

Es war einmal ein kleiner Junge, der hieß Jim, und der hatte eine kleine Schwester, die Jenny. Die Jenny war fast noch ein Baby. Richtig sprechen konnte sie nicht. Sie konnte erst einen Satz sagen. Der Satz hieß: »Das will Jenny haben!« Jenny zeigte immer auf Jims Spielsachen und schrie: »Das will Jenny haben!« Und sie hörte erst zu schreien auf, wenn sie bekommen hatte, was sie wollte.

Eines Tages fand Jim eine wunderschöne Bohne. Sie war groß und schwarz, mit weißen Streifen und rosa Punkten. Der Jim schmierte die Bohne mit Schmalz ein. Da glänzte sie ungeheuer schön.

Wie der Jim so saß und seine schöne Bohne bewunderte, kam die Jenny. Sie sah die Bohne und schrie: »Das will Jenny haben!«

Sie schrie sehr laut.

Der Mutter ging das Geschrei auf die Nerven. Die Mutter sagte: »Jim, gib ihr doch die blöde Bohne!«

Die Bohne war aber nicht blöd, sondern wunderschön, und der Jim wollte sie nicht hergeben. Er machte eine feste Faust um die Bohne und hielt die Faust in die Luft. Die Jenny schrie und sprang nach der Faust. Und die Jenny war sehr kräftig und konnte sehr hoch springen. Sie bekam die Faust zu fassen und zog Jims Arm zu sich herunter und versuchte, in die Faust zu beißen. Und die Mutter rief: »Jim, sei ein lieber Bruder! Gib ihr die Bohne!«

Der Jim wollte kein lieber Bruder sein. Diesmal nicht! Er wollte seine Bohne nicht hergeben. Die Jenny biss den Jim in den Finger. Der Jim brüllte los und öffnete die Faust. Die Bohne fiel zu Boden und sprang unter den Schrank.

Der Jim und die Jenny knieten vor dem Schrank nieder und versuchten, die Bohne zu erwischen. Die Bohne lag ganz weit hinten an der Wand. Jennys Arm war zu kurz, um an die Bohne zu kommen. Jims Arm reichte. Er griff nach der Bohne und bekam sie zwischen die Finger und dachte: Wenn ich sie hervorhole, nimmt sie mir die Jenny weg! Und die Mutter hilft mir nicht! Sie hält immer zur Jenny! Und da hatte der Jim einen Einfall. Er holte die Bohne hervor und steckte sie so schnell, dass Jenny nichts dagegen tun konnte, in den Mund. Er dachte: Hinter meinen Zähnen kann sie nichts hervorholen! Da beiße ich nämlich zu. Die Jenny versuchte trotzdem, die Bohne hinter Jims Zähnen hervorzuholen. Und der Jim biss zu! Aber dabei verschluckte er leider die wunderschöne Bohne! Sie rutschte ihm einfach den Schlund hinunter. Wahrscheinlich, weil sie mit Schmalz eingeschmiert war. Schmalz macht nicht nur glänzend, sondern auch schlüpfrig.

Die Jenny greinte noch ein bisschen um die Bohne, aber dann fand sie ein anderes Ding, wobei sie schreien konnte: »Das will Jenny haben!«

Nach ein paar Tagen wurde dem Jim sonderbar im Bauch. Und in seinem Hals kratzte es. Und in den Ohren kitzelte es. Richtig übel war dem Jim. Die Mutter holte den Arzt.

Der Arzt sagte: »Jim, mach den Mund auf. Ich muss schauen, ob du einen roten Hals hast!« Jim hatte keinen roten Hals. Er hatte einen grünen Hals. Der Arzt starrte in Jims grünen Hals. Er hatte noch nie einen grünen Hals gesehen. Das sagte er aber nicht. Er sagte: »Er brütet etwas aus! Man kann es noch nicht sagen! Warten wir ein paar Tage zu!«

Jim wartete zu. Es wurde von Tag zu Tag ärger. Auch in der Nase juckte es. Und das Halskratzen wurde immer schlimmer. So ging das zwei Wochen. Dann erwachte Jim eines Morgens und gähnte und hielt sich beim Gähnen die Hand vor den Mund und spürte, dass da etwas über seine Lippen hing. Er sprang aus dem Bett und lief zum Spiegel. Aus seinen Ohren, aus seiner Nase und seinem Mund blitzte es grasgrün. Kleine Blätter waren das!

Die Mutter holte wieder den Arzt. Der Arzt zupfte an Jims Blättern herum, kratzte sich die Glatze und sprach: »Das ist ja eher ein Fall für einen Gärtner!«

So rief die Mutter nach einem Gärtner. Der kam und riss ein Blatt aus Jims rechtem Nasenloch und sprach: »Klarer Fall! Da treibt eine Bohne aus! Das muss eine wunderschöne Bohne gewesen sein!«

Der Jim nickte. Sprechen konnte er nicht, wegen der Blätter im Mund.

Der Arzt sagte: »Ich muss mich erst mit der Ärztekammer beraten!«

Der Gärtner sagte: » Ich muss mich erst mit der Gärtnerinnung beraten!«

44

Dann gingen der Arzt und der Gärtner, beide kopfschüttelnd, davon.

Von Stunde zu Stunde wuchs mehr und mehr Grünzeug aus Jim. Es wurde immer länger und dichter.

Die Mutter konnte den Jim nicht im Haus behalten. Sie trug ihn in den Garten und setzte ihn ins Rosenbeet. Rechts und links von ihm schlug sie Stecken in die Erde. Daran band sie die Bohnenranken.

Gott sei Dank war Sommer. Der Jim fror nicht. Manchmal war ihm sogar recht heiß. Dann spritzte ihn die Mutter mit dem Gartenschlauch ab. Manchmal regnete es. Wenn es fürchterlich stark schüttete, kam die Mutter und hielt einen Regenschirm über ihn.

Dann begann der Jim zu blühen. Orangefarben waren seine Blüten. Und dann kamen die grünen Bohnen aus Jim. Schöne, gerade, hellgrüne Bohnen. Die Mutter pflückte jeden Tag ein Körbchen voll. Und das Bohnengrünzeug wuchs noch immer weiter. Dunkelgrün und ganz dicht war es jetzt. Jim saß darin wie in einem Zelt. Man konnte ihn fast gar nicht mehr sehen. Manchmal hörte ihn die Mutter husten und niesen, denn es wurde schon Herbst und die Nächte waren recht kalt.

Eines Morgens waren die Bohnenblätter gelb. Zu Mittag waren sie braun. Und am Abend waren die Blätter ganz verdorrt und fielen zu Boden.

Die Mutter konnte durch die dürren Ranken auf den Jim sehen. Sie winkte ihm zu, dann lief sie zum Gärtner.

Der Gärtner kam und er wunderte sich überhaupt nicht. »Bohnen sind einjährige Pflanzen«, sagte er. Er holte alle Ranken und Stängel von Jims Kopf und zog sie aus Jims Ohren und Jims Nase und Jims Mund. Das ging leicht und tat dem Jim nicht weh. Jim ging mit der Mutter ins Haus. Die Mutter öffnete den Küchenschrank. Sie zeigte auf sechzig Einsiedegläser voller Bohnen. Sie sagte: »Jim, die sind alle von dir!«

Von nun an aß der Jim jeden Freitag, wenn die anderen Haferbrei bekamen, seine guten grünen Bohnen.

Die Jenny saß vor ihrem Haferbreiteller und zeigte auf Jims grüne Bohnen und schrie: »Das will Jenny haben!«

Doch die Mutter sagte bloß: » Jenny, halt den Mund!«

46

Die Bohne

Ich wachse, was ich wachsen kann.
Erst vor acht Wochen fing ich an
und bin schon größer als ein Mann.

Wer macht mir's nach, wer holt mich ein?
Seht dort den Rettich, nein, ach nein,
wie ist er kurz, wie ist er klein!

Mit mir kommt keine Möhre mit.
Mit mir hält kein Kohlrabi Schritt.
Und auch der Schnittlauch dort, ich bitt,

den kann man täglich dreimal gießen –
er lernt es nie, so keck zu sprießen,
so hopp, hopp, hopp emporzuschießen.

Wie ich das kann, so wunderbar!
Nur eines freilich, das ist wahr:
Die Standkraft fehlt mir ganz und gar.

So ist es. Ach, was wäre ich,
am Boden läg ich jämmerlich,
ganz wie ein Wurm, hätt ich nicht dich!

Hätt ich nicht dich, du dürre, lange,
heiß geliebte Bohnenstange,
die ich inniglich umfange.

JOSEF GUGGENMOS

47

Die Kartoffelernte

Kindlein, sammelt mit Gesang
der Kartoffeln Überschwang!
Ob wir voll bis oben schütten
alle Mulden, Körb und Bütten;
noch ist immer kein Vergang.

Wo man nur den Bulten hebt,
schaut, wie voll es lebt und webt!
O die schön gekerbten Knollen,
weiß und rot und dick geschwollen,
immer mehr, je mehr man gräbt.

Nicht umsonst in bunter Schau
blüht' es rötlich, weiß und blau,
ward gejätet, ward gehäufet:
Kindlein, Gottes Segen reifet!,
rief ich oft und traf's genau.

Einst vom Himmel schaute Gott
auf der Armen bittre Not.
Nahe ging's ihm; und was tat er
uns zum Trost, der gute Vater?
Regnet' er uns Mannabrot?

Nein, ein Mann ward ausgesandt,
der die neue Welt erfand.
Reiche nennen's Land des Goldes;
doch der Arme nennt's sein holdes,
nährendes Kartoffelland.

Nur ein Knöllchen eingesteckt
und mit Erde zugedeckt.
Unten treibt dann Gott sein Wesen.
Kaum sind Hände gnug zum Lesen,
wie es unten wühlt und heckt.

Was ist nun für Sorge noch?
Klar im irdnen Napf und hoch
dampft Kartoffelschmaus für alle.
Unsre Milchkuh auch im Stalle
nimmt ihr Teil und brummt am Trog.

Aber, Kindlein, hört! Ihr sollt
nicht verschmähn das liebe Gold!
Habt ihr Gold, ihr könnt bei Haufen,
schöne Saatkartoffeln kaufen,
grad aus Holland, wenn ihr wollt'.

JOHANN HEINRICH VOSS

Kartoffellied

Pasteten hin, Pasteten her,
was kümmern uns Pasteten?
Die Kumme hier ist auch nicht leer
und schmeckt so gut als bonne chère
von Fröschen und von Kröten.

Und viel Pastet und Leckerbrot
verdirbt nur Blut und Magen.
Die Köche kochen lauter Not,
sie kochen uns viel eher tot;
ihr Herren, lasst euch sagen!

Schön rötlich die Kartoffeln sind
und weiß wie Alabaster!
Sie däun sich lieblich und geschwind
und sind für Mann und Frau und Kind
ein rechtes Magenpflaster.

MATTHIAS CLAUDIUS

HERBERT GÜNTHER

Schlechte Zeiten

Genau wusste man nie, wann der Kartoffelwagen kam. Wenn er da war, bildete sich schnell eine lange Menschenschlange vor Köhlers Lebensmittelladen. Meistens waren in zwei, drei Stunden alle Kartoffeln verkauft.

Einmal habe ich auf dem Schulweg frühmorgens gesehen, dass der Kartoffelwagen da war. Mama hatte einen Arzttermin, das konnte lange dauern, Papa war zur Arbeit und Jutta mit ihren Freundinnen längst unterwegs zur Schule. Also bin ich zurück in unsere Wohnung, habe mir eine Lebensmittelkarte für Kartoffeln aus der Zigarrenkiste genommen und mich dann in der Schlange vor Köhlers Laden angestellt. Kartoffeln zu ergattern war wichtig, da musste die Schule warten.

Vor mir stand eine Frau auf ihren Stock gestützt, deren Hand immerfort zitterte. Als ich endlich an der Reihe war, schüttete Herr Köhler meinen Kartoffelanteil in unsere alte Henkeltasche. Ich drehte mich um und wollte gehen, aber die alte gebrechliche Frau hatte ihren gefüllten Kartoffelbeutel mitten auf dem Bürgersteig abgestellt und fuhr sich seufzend mit der Hand über die Stirn. »Junge«, sagte eine Frau in der Schlange. »Du bist groß und stark. Trag der alten Frau die Kartoffeln nach Hause.«

»Aber was mache ich mit meinen Kartoffeln?«, sagte ich. »Ich kann sie doch nicht auch noch schleppen …«

»Gib sie mir«, sagte die Frau. »Ich passe auf deine Tasche auf, bis du wieder da bist.« Inzwischen hatte der Unterricht längst begonnen und jetzt war es auch egal, ob ich eine oder zwei Stunden zu spät kam. Ich gab also der Frau meine gefüllte Henkeltasche, nahm den Kartoffelbeutel der alten Frau auf und dann gingen wir los.

»Wie schön«, sagte die alte Frau, »dass es in diesen schlechten Zeiten doch noch hilfsbereite Menschen gibt.« Sie war freundlich und nett, aber sie ging sehr langsam und sie wohnte am anderen Ende der Henriettenstraße. Es dauerte eine halbe Stunde, bis wir in ihrer Wohnung waren. Zum Dank schenkte sie mir ein klebriges Zitronenbonbon.

Ich rannte den Weg zurück. Als ich zu Köhlers Laden kam, war keine Schlange mehr da. Unsere Henkeltasche stand neben der Eingangstür. Aber sie war leer.

Wie war das vor tausend Jahren?

Wie war das vor tausend Jahren?
Da ist noch kein Auto gefahren,
da ritt man Stunden um Stunden.

Und kamst du hungrig in Aachen an
und fragtest nach Kartoffeln, dann
sprach der Wirt: »Bedaure,
da sind Sie viel zu früh daran,
die sind noch nicht erfunden.«

JOSEF GUGGENMOS

Vom Alten Fritz

Vom Alten Fritz, dem Preußenkönig,
weiß man zwar viel, doch viel zu wenig.

So ist es zum Beispiel nicht bekannt,
dass er die Bratkartoffeln erfand!

Drum heißen sie auch – das ist kein Witz –
Pommes Fritz!

HEINZ ERHARDT

HANNA JOHANSEN

Am liebsten Pommes frites

Es war einmal ein Siebenschläfer, der fuhr gern mit seiner Mutter
in die Stadt.

Jedes Mal, wenn sie vor dem Bahnhof auf die Straßenbahn warteten,
bekam er ganz plötzlich einen unerträglichen Hunger.

Das lag aber nicht am Bahnhof.

»Ich hab so Hunger«, sagte er dann.

»Wir sind bald zu Hause«, sagte seine Mutter.

»So lange kann ich es nicht aushalten«, sagte der Siebenschläfer.

»Soll ich ein Käsebrötchen kaufen?«, sagte die Mutter.

»Am liebsten Pommes frites«, sagte der Siebenschläfer.

Ganz zufällig war die Pommesfrites-
bude gleich hinter ihnen.

»Bitte sieben Pommes frites«,
sagte der Siebenschläfer.

»Ich glaube nicht«, sagte
die Mutter, »dass sie
die zählen. Man muss eine
ganze Tüte nehmen.«

»Bitte sieben Tüten«,
sagte der Siebenschläfer.

ADA BERTRAM

Die drei Knödel

Es waren einmal ein Vater und eine Mutter, die hatten so viele Kinder, dass die Frau sie am Morgen zählen musste, um zu sehen, ob noch alle da waren. Es war sehr schwer, die vielen Kinder satt zu bekommen, denn sie waren immer hungrig. An einem schönen Sommertag machte die Mutter deshalb Knödel in dem größten Topf, den sie in ihrer Küche fand. So viele Knödel waren es, dass sie selbst in dem riesigen Topf keinen Platz hatten. Sie kochten über und drei Knödel flogen zum Kamin hinaus.

Der erste sauste wie eine Kanonenkugel durch die Luft davon, und weg war er. Der zweite flog durch den Wald, plumpste in ein leeres Wildtaubennest und blieb dort liegen. Der dritte Knödel fiel auf den Waldboden, kugelte weiter und rollte zuletzt gegen einen Baumstamm. »Was ist das für ein seltsames Ding?«, fragten die Tiere des Waldes, und da sie nicht wussten, was sie mit ihm machen sollten, fraßen sie ihn zuletzt einfach auf.

Als die Wildtaube nach Hause kam, wunderte sie sich sehr, als sie ein fremdes Ding in ihrem Nest fand. Weil es sich aber für eine Wildtaube gehört, das auszubrüten, was im Nest liegt, so setzte sie sich auf den Knödel. Als sie schon beinahe die Geduld verlieren wollte, schlüpfte ein großer, bunter Vogel aus. Der schüttelte sich, krächzte und flog mit weit geöffneten Schwingen davon. Die Wildtaube sah ihm nach, schüttelte den Kopf und wunderte sich.

Der erste Knödel aber umkreiste die ganze Welt und zuletzt prallte er gegen das Fenster eines Königsschlosses. Der König stürzte vor Schreck von seinem Thron und die Königin fiel in Ohnmacht. Die Palastwache glaubte, ein Krieg sei ausgebrochen, und ließ die Soldaten aufmarschieren. Die ganze Stadt geriet in Aufruhr und die Bürger zogen schon ihre Uniformen an.

Indessen spielte die jüngste Prinzessin längst im Park mit dem Knödel Ball. Als sie genug gespielt hatte, setzte sie sich ins Gras und fing an, den Ball zu zerlegen. Ganz zuinnerst fand sie einen kleinen Kern, den steckte sie im Park des Schlosses in die Erde und vergaß ihn. Im nächsten Frühling wuchs in sie-

ben Tagen ein Baum daraus hervor und auf dem Baum wuchsen Knödel. Un-
reif waren sie sauer, reif waren sie süß. Und wer davon aß, der musste in einem
fort lügen. Einer, der von den Früchten des Knödelbaumes aß, hat mir diese
Geschichte für euch erzählt.

Tischgespräch

Willst du,
so sprach der Mops zum Mops,
'n halben oder ganzen Klops?

'n halben und 'n ganzen Klops
will ich,
so sprach der Mops zum Mops.

JÜRGEN SPOHN

Ein sehr kurzes Märchen

Hänsel und Knödel,
die gingen in den Wald.
Nach längerem Getrödel
rief Hänsel plötzlich: »Halt!«

Ihr alle kennt die Fabel,
des Schicksals dunklen Lauf:
Der Hänsel nahm die Gabel
und aß den Knödel auf.

MICHAEL ENDE

Die Sache mit den Klößen

Der Peter war ein Renommist.
Ihr wisst vielleicht nicht, was das ist.
Ein Renommist, das ist ein Mann,
der viel verspricht und wenig kann.

Wer fragte: »Wie weit springst du, Peter?«,
bekam zur Antwort: »Sieben Meter.«
In Wirklichkeit – Kurt hat's gesehn –
sprang Peter bloß drei Meter zehn.

So war es immer: Peter log,
dass sich der stärkste Balken bog.
Und was das Schlimmste daran war:
Er glaubte seine Lügen gar!

Als man einmal vom Essen sprach,
da dachte Peter lange nach.
Dann sagte er mit stiller Größe:
»Ich esse manchmal dreißig Klöße.«

Die andern Kinder lachten sehr,
doch Peter sprach: »Wenn nicht noch mehr!«
»Nun gut«, rief Kurt, »wir wollen wetten.«
(Wenn sie das bloß gelassen hätten!)

Der Preis bestand, besprachen sie,
in einer Taschenbatterie.
Die Köchin von Kurts Eltern kochte
die Klöße, wenn sie's auch nicht mochte.

Kurts Eltern waren ausgegangen.
So wurde endlich angefangen.
Vom ersten bis zum fünften Kloß,
da war noch nichts Besondres los.

Die andern Kinder saßen stumm
um Peter und die Klöße rum.
Beim siebenten und achten Stück
bemerkte Kurt: »Er wird schon dick.«

Beim zehnten Kloß ward Peter weiß
und dachte: »Kurt erhält den Preis.«
Ihm war ganz schlecht, doch tat er heiter
und aß, als ob's ihm schmeckte, weiter.

Er schob die Klöße in den Mund
und wurde langsam kugelrund.
Der Anzug wurde langsam knapp.
Die Knöpfe sprangen alle ab.

Die Augen quollen aus dem Kopf.
Doch griff er tapfer in den Topf.
Nach fünfzehn Klößen endlich sank
er stöhnend von der Küchenbank.

Die Köchin Hildegard erschrak,
als er so still am Boden lag.
Dann fing er grässlich an zu husten,
dass sie den Doktor holen mussten.

»Um Gottes willen«, rief er aus,
»der Junge muss ins Krankenhaus.«
Vier Klöße steckten noch im Schlund.
Das war natürlich ungesund.

Mit Schmerzen und für teures Geld
ward Peter wiederhergestellt.
Das Renommieren hat zuzeiten
auch seine großen Schattenseiten.

ERICH KÄSTNER

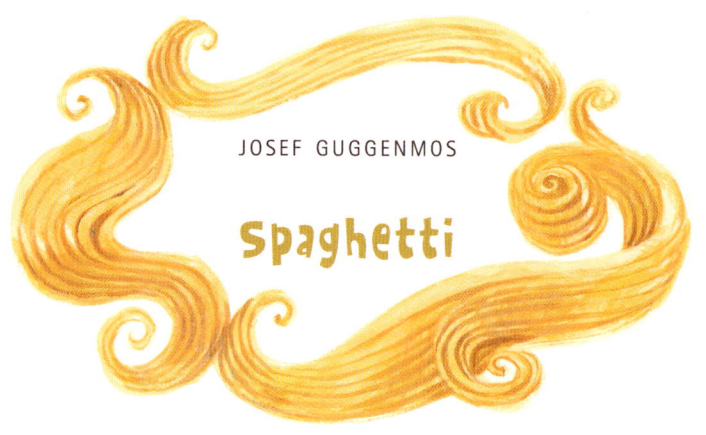

JOSEF GUGGENMOS

Spaghetti

Es war einmal ein Junge, der an einem schönen Sommertag ein paar Kühe hütete, und als sich die Tiere am Nachmittag niederlegten und wiederkäuten, legte er sich auch ins Gras, schaute den Wolken zu, die über den blauen Himmel fuhren, und dachte sich was Schönes aus – König zu sein, so dachte er sich, das müsste lustig sein, und nicht lange, dann fielen ihm die Augen zu, er schlief ein und im Traum war er wirklich und wahrhaftig ein König, ein richtiger König mit goldener Krone und goldgesticktem Gewand, aber ich weiß nicht, wie's zuging, vielleicht brannte ihm die Sonne zu sehr auf den Kopf, jedenfalls war's im Traum gar nicht lustig, ein König zu sein, ganz im Gegenteil, er saß da nämlich, umringt von tausend Menschen, mitten auf einem Marktplatz vor einer Riesenschüssel Spaghetti, denn er war zu Besuch in einer fernen Provinz seines Reiches und da hatten ihm die Leute ihr Nationalgericht, Spaghetti, vorgesetzt, und weil er, der König, es war, hatten sie eine besonders große Schüssel bis über den Rand mit besonders langen Spaghetti gefüllt und diese Riesenschüssel musste er leer essen, ratzeputz leer, sonst wären die Leute beleidigt gewesen, dabei hatte er noch nie in seinem Leben Spaghetti gegessen, Spaghetti essen, das will gelernt sein, hierzulande konnte das jedes Kind, er aber, er hatte keine Ahnung, wie man das richtig macht, er saß da, die Gabel in der Hand, und hatte den Mund so voller Spaghetti, dass er kaum mehr kauen konnte, und die Spaghetti hingen aus seinem Mund, und wie er es auch anstellte, die Spaghetti, die aus seinem Mund hingen, nahmen und nahmen kein Ende, und ringsum standen die Leute und schauten ihm zu, wie er sich plagte, die weiter hinten standen, reckten die Hälse und ganz vorn drängten sich die Kinder, und die Kinder wurden immer mehr, denn immer wieder schob sich eins zwischen den O-Beinen eines Generals durch nach vorn, und die Kinder rissen Mund und Augen auf und hätten auch gern was von den Spaghetti gehabt, und er hätte ihnen so gern alle geschenkt, aber da half alles nichts, er musste die Spaghetti aufessen, er ganz allein, es war fürchterlich, der Schweiß rann ihm in Bächen von der schweren goldenen Krone übers Gesicht und unter dem schweren goldgestickten Gewand den Rücken hinunter, und wie dieser Satz kein Ende findet und ohne Punkt weiter und weiter geht, so nahmen und nahmen die Spaghetti kein Ende, und wer weiß, wie lange es mit diesem Satz und mit den Spaghetti noch so weitergegangen wäre, hätte sich da nicht plötzlich etwas Unerwartetes ereignet, der König schrak zusammen – und der Junge wachte auf, weil ein Kalb, das auch bei der Herde war, herangekommen war und ihn mit der Schnauze angestoßen hatte.

»Maxl«, sagte der Junge und kraulte dem Kalb, das Maxl hieß, die Locken auf der Stirn: »Das war eine gute Idee von dir, mich aufzuwecken!«

AXEL HACKE

Kostverächter

Habe ich schon die Geschichte von der Signora Schpaghetti und dem dicken Papa Nudel erzählt? Nicht? Dann wird es aber Zeit!

Die Signora Schpaghetti und der dicke Papa Nudel hatten drei Kinder, die hießen Anne, Max und Marie. Für diese drei mussten sie jeden Tag Essen kochen. Wenn die Signora Schpaghetti in die Küche kam und die Kinder fragte, was sie essen wollten, riefen die drei: »Schpaghetti!« Und wenn der dicke Papa Nudel, der viel seltener kochte, dieselbe Frage stellte, antworteten sie: »Nudeln!« Die Signora jammerte: »Nicht schon wiiieder!« Der Papa schrie: »Nein! Neihein! Neiheihein!«

Dann liefen sie zum Herd und kochten die oberleckersten Sachen aus dem Großen Buch der Vollwertküche, zum Beispiel Kartoffelklöße mit Sonnenblumen-
kernen oder Gemüseplatte mit Kürbiskernsoße oder Risotto mit Haselnüssen
oder Hirse-Möhren-Pfanne mit Petersiliensoße, denn sie wollten, dass ihre
Kinder gesund und stark würden. Sie kochten und backten und schnitten und
hackten und ächzten daher mit den Töpfen schwer, und wenn sie das Essen auf
den Tisch stellten, riefen die Kinder: »Was ist denn das Rote?«

»Das sind Mohrrüben, Kinder.«

»Iiiiih! Und was ist das Grüne?«

»Bäääh! Immer gibt es Paprika! Schon wieder Paprika! Das mögen wir nicht,
das essen wir nicht!«

Dann saßen die Signora Schpaghetti und der dicke Papa Nudel traurig und
einsam vor riesigen dampfenden Schüsseln. Der dicke Papa Nudel, der so erzogen war, immer seinen Teller leer zu essen, aß alles alleine auf und die Signora
Schpaghetti, die anders erzogen war, aß gar nichts mehr. Der dicke Papa Nudel
wurde davon noch dicker, so dick wie ein Germknödel, und die Signora Schpaghetti magerte ab und wurde so dünn wie Schpaghettini.

Am nächsten Tag kochten sie Nudeln und Schpaghetti. Sie machten eine besonders gute Soße dazu, und als sie die auf den Tisch stellten, rief Anne: »Ich
mag nur Nudeln!« Und Max rief: »Ja, nur Nudeln, nackte Nudeln.« Marie, die
noch nicht sprechen konnte, versuchte, die Soßenschüssel umzuschmeißen.

Dann aßen die Kinder nackte Nudeln ohne Soße und die Signora Schpaghetti
aß vor Kummer wieder nichts und der dicke Papa Nudel weinte in den großen Nudelhaufen auf seinem Teller und aß so viel, dass er rund wurde wie ein
Gummiball. Als er den Rest der guten Soße in den Keller bringen wollte, um
ihn in die Tiefkühltruhe zu tun, da stolperte er und fiel, pompompom, die
Treppe herunter. Er zerplatzte auf der untersten Stufe wie eine volle Tüte Reis
und verteilte sich im ganzen Keller. Die Signora Schpaghetti riss er mit sich
und sie zerbrach, weil sie so dünn war, in sieben Teile.

Da waren die Kinder ganz allein und sie kochten sich jeden Tag nackte Nudeln
und hätten herrlich und in Freuden leben können, wenn sie nicht an Skorbut
gestorben wären.

61

UWE TIMM

Die Entdeckung der Currywurst

Vor gut zwölf Jahren habe ich zum letzten Mal eine Currywurst an der Bude von Frau Brücker gegessen. Die Imbissbude stand auf dem Großneumarkt – ein Platz im Hafenviertel: windig, schmutzig, kopfsteingepflastert. Ein paar borstige Bäume stehen auf dem Platz, ein Pissoir und drei Verkaufsbuden, an denen sich die Penner treffen und aus Plastikkanistern algerischen Rotwein trinken. Im Westen graugrün die verglaste Fassade einer Versicherungsgesellschaft und dahinter die Michaeliskirche, deren Turm nachmittags einen Schatten auf den Platz wirft. Das Viertel war während des Krieges durch Bomben stark zerstört worden. Nur einige Straßen blieben verschont und in einer, der Brüderstraße, wohnte eine Tante von mir, die ich als Kind oft besuchte, allerdings heimlich. Mein Vater hatte es mir verboten. Klein-Moskau wurde die Gegend genannt und der Kiez war nicht weit.

Später, wenn ich auf Besuch nach Hamburg kam, bin ich jedes Mal in dieses Viertel gefahren, durch die Straßen gegangen, vorbei an dem Haus meiner Tante, die schon vor Jahren gestorben war, um schließlich – und das war der eigentliche Grund – an der Imbissbude von Frau Brücker eine Currywurst zu essen.

»Hallo«, sagte Frau Brücker, als sei ich erst gestern da gewesen. »Einmal wie immer?«

Sie hantierte an einer großen gusseisernen Pfanne.

Hin und wieder drückte eine Bö den Sprühregen unter das schmale Vordach: eine Feldplane, graugrün gesprenkelt, aber derartig löchrig, dass sie nochmals mit einer Plastikbahn abgedeckt worden war.

»Hier geht nix mehr«, sagte Frau Brücker, während sie das Sieb mit den Pommes frites aus dem siedenden Öl nahm, und sie erzählte, wer inzwischen alles aus dem Viertel weggezogen und wer gestorben sei. Namen, die mir nichts sagten, hatten Schlaganfälle, Gürtelrosen, Alterszucker bekommen oder lagen jetzt auf dem Ohlsdorfer Friedhof. Frau Brücker wohnte noch immer in demselben Haus, in dem früher auch meine Tante gewohnt hatte.

»Da!« Sie streckte mir die Hände entgegen, drehte sie langsam um. Die Fingergelenke waren dick verknotet. »Is die Gicht. Die Augen wollen auch nicht mehr. Nächstes Jahr«, sagte sie, wie jedes Jahr, »geb ich den Stand auf, endgültig.« Sie nahm die Holzzange und griff damit eine der selbst eingelegten Gurken aus dem Glas. »Die haste schon als Kind gern gemocht.« Die Gurke bekam ich jedesmal gratis. »Wie hältste das nur in München aus?«

»Imbissstände gibts dort auch.«

Darauf wartete sie. Denn dann, und das gehörte mit zu unserem Ritual, sagte sie: »Jaa, aber gibts da auch Currywurst?«

»Nein, jedenfalls keine gute.«

»Siehste«, sagte sie, schüttete etwas Curry in die heiße Pfanne, schnitt dann mit dem Messer eine Kalbswurst in Scheiben hinein, sagte: »Weißwurst, grausam, und dann noch süßer Senf. Das veddelt einen doch.« Sie schüttelte sich demonstrativ: »Brrr«, klackste Ketchup in die Pfanne, rührte, gab noch etwas schwarzen Pfeffer darüber und schob dann die Wurstscheiben auf den gefältelten Pappteller. »Das is reell. Hat was mitm Wind zu tun. Glaub mir. Scharfer Wind braucht scharfe Sachen.«

Ihr Schnellimbiss stand wirklich an einer windigen Ecke. Die Plastikbahn war dort, wo sie am Stand festgezurrt war, eingerissen, und hin und wieder, bei stärkeren Böen, kippte eine der großen Plastik-Eistüten um. Das waren Reklametische, auf deren abgeplattetem Eis man die Frikadellen und, wie gesagt, diese ganz einmalige Currywurst essen konnte.

»Ich mach die Bude dicht, endgültig.«

Das sagte sie jedes Mal, und ich war sicher, sie im nächsten Jahr wiederzusehen. Aber in dem darauffolgenden Jahr war ihr Stand verschwunden.

ERICH KÄSTNER

Felix holt Senf

Es war am Weihnachtsabend im Jahre 1927 gegen sechs Uhr und Preissers hatten eben beschert. Der Vater balancierte auf einem Stuhl dicht vorm Weihnachtsbaum und zerdrückte die Stearinflämmchen zwischen den angefeuchteten Fingern. Die Mutter hantierte draußen in der Küche, brachte das Essgeschirr und den Kartoffelsalat in die Stube und meinte: »Die Würstchen sind gleich heiß!« Ihr Mann kletterte vom Stuhl, klatschte fidel in die Hände und rief ihr nach: »Vergiss den Senf nicht!« Sie kam, statt zu antworten, mit dem leeren Senfglas zurück und sagte: »Felix, hol Senf! Die Würstchen sind sofort fertig.«

Felix saß unter der Lampe und drehte an einem kleinen, billigen Fotoapparat herum. Der Vater versetzte dem Fünfzehnjährigen einen Klaps und polterte: »Nachher ist auch noch Zeit. Hier hast du Geld. Los, hol Senf! Nimm den Schlüssel mit, damit du nicht zu klingeln brauchst. Soll ich dir Beine machen?«

Felix hielt das Senfglas, als wollte er damit fotografieren, nahm Geld und Schlüssel und lief auf die Straße. Hinter den Ladentüren standen die Geschäftsleute ungeduldig und fanden sich vom Schicksal ungerecht behandelt. Aus den Fenstern aller Stockwerke schimmerten die Christbäume. Felix spazierte an hundert Läden vorbei und starrte hinein, ohne etwas zu sehen. Er war in einem Schwebezustand, der mit Senf und Würstchen nichts zu tun hatte. Er war glücklich, bis ihm vor lauter Glück das Senfglas aus der Hand aufs Pflaster fiel. Die Rollläden prasselten an den Schaufenstern herunter und Felix merkte, dass er sich seit einer Stunde in der Stadt herumtrieb. Die Würstchen waren inzwischen längst geplatzt. Er brachte es nicht über sich, nach Hause zu gehen. So ganz ohne Senf! Gerade heute hätte er Ohrfeigen nicht gut vertragen.

Herr und Frau Preisser aßen die Würstchen mit Ärger und ohne Senf. Um acht wurden sie ängstlich. Um neun liefen sie aus dem Haus und klingelten bei Felix' Freunden. Am ersten Weihnachtsfeiertag verständigten sie die Polizei. Sie warteten drei Tage vergebens. Sie warteten drei Jahre vergebens. Langsam ging ihre Hoffnung zugrunde, schließlich warteten sie nicht mehr und versanken in hoff-

nungslose Traurigkeit. Die Weihnachtsabende wurden von nun an das Schlimmste im Leben der Eltern. Da saßen sie schweigend vorm Christbaum, betrachteten den kleinen, billigen Fotoapparat und ein Bild ihres Sohnes, das ihn als Konfirmanden zeigte, im blauen Anzug, den schwarzen Filzhut keck auf dem Ohr. Sie hatten den Jungen so lieb gehabt, und dass der Vater manchmal eine lockere Hand bewiesen hatte, war doch nicht böse gemeint gewesen, nicht wahr? Jedes Jahr lagen die zehn alten Zigarren unterm Baum, die Felix dem Vater damals geschenkt hatte, und die warmen Handschuhe für die Mutter. Jedes Jahr aßen sie Kartoffelsalat mit Würstchen, aber aus Pietät ohne Senf. Das war ja auch gleichgültig, es konnte ihnen doch niemals wieder schmecken. Sie saßen nebeneinander und vor ihren weinenden Augen verschwammen die brennenden Kerzen zu großen, glitzernden Lichtkugeln. Sie saßen nebeneinander und er sagte jedes Jahr: »Diesmal sind die Würstchen ganz besonders gut.« Und sie antwortete jedes Mal: »Ich hol dir die von Felix noch aus der Küche. Wir können jetzt nicht mehr warten.«

Doch um es rasch zu sagen: Felix kam wieder. Das war am Weihnachtsabend im Jahre 1932 kurz nach sechs Uhr… Die Mutter hatte die heißen Würstchen hereingebracht, da meinte der Vater: »Hörst du nichts? Ging nicht eben die Tür?« Sie lauschten und aßen dann weiter. Als jemand ins Zimmer trat, wagten sie nicht, sich umzudrehen. Eine zitternde Stimme sagte: »So, da ist der Senf, Vater.« Und eine Hand schob sich zwischen den beiden alten Leuten hindurch und stellte wahrhaftig ein gefülltes Senfglas auf den Tisch. Die Mutter senkte den Kopf ganz tief und faltete die Hände. Der Vater zog sich am Tisch hoch, drehte sich trotz der Tränen lächelnd um, hob den Arm, gab dem jungen Mann eine schallende Ohrfeige und sagte: »Das hat aber ziemlich lange gedauert, du Bengel. Setz dich hin!«

Was nützt der beste Senf der Welt, wenn die Würstchen kalt werden? Dass sie kalt wurden, ist erwiesen. Felix saß zwischen den Eltern und erzählte von seinen Erlebnissen in der Fremde, von fünf langen Jahren und vielen wunderbaren Sachen. Die Eltern hielten ihn bei den Händen und hörten vor Freude nicht zu…

Unterm Christbaum lagen Vaters Zigarren, Mutters Handschuhe und der billige Fotoapparat. Und es schien, als hätten fünf Jahre nur zehn Minuten gedauert. Schließlich stand die Mutter auf und sagte: »So, Felix, jetzt hol ich dir deine Würstchen.«

Die Weihnachtsgans

Tiefgefroren in der Truhe
liegt die Gans aus Dänemark.
Vorläufig lässt man in Ruhe
sie in ihrem weißen Sarg.

Ohne Beine, Kopf, Gekröse
ruht sie neben dem Spinat.
Ob sie wohl ein wenig böse
ist, dass man sie schlachten tat?

Oder ist es doch zu kalt ihr?
Man sieht's an der Gänsehaut…
Nun, sie wird bestimmt nicht alt hier:
Morgen wird sie aufgetaut.

Hm, welch ein Duft zieht aus dem Herde
durch die ganze Wohnung dann!
Macht, dass gut der Braten werde,
morgen kommt der Weihnachtsmann!

HEINZ ERHARDT

67

Das Sonntagshuhn

Meine Großmutter hatte Hühner,
sie liefen treppab und treppauf
und Großvater als ihr Diener
schloss morgens die Türen auf.

Nachts schliefen sie auf den Stangen,
dann schloss er sie wieder ein.
Nicht die Hühner waren gefangen –
der Fuchs konnte nicht herein.

Hühner, wenn sie nur wollen,
verstehen jedes Wort,
das sie nicht verstehen sollen,
sofort.

Weiß sind sie und gurren leise.
Eins von ihnen ist braun.
Es hat seine eigene Weise,
gedankenvoll zu schauen.

Eines Abends, als die andern schliefen,
winkte es mich herbei
und fragte mit seinem tiefen
Blick, was ein Sonntag sei.

HANNA JOHANSEN

68

HEINRICH HANNOVER

Herrn Aktenstaubs Rehbraten

Rechtsanwalt Aktenstaub wollte sich ein neues Hobby zulegen: Er wollte sonntags im Wald Hasen und Rehe schießen. Also ging er ein paar Monate lang in die Jägerschule und lernte, wie man Hasen und Rehe schießt. Dann kaufte er sich einen grünen Jägeranzug, einen grünen Jägermantel, einen grünen Jägerhut und derbe Schuhe und lange, dicke Strümpfe, auch ein paar grüne Hemden und Taschentücher. Dann kaufte er sich ein Fernglas, mit dem man auch bei Nacht sehen kann, eine Thermosflasche und einen Rucksack und ein großes Taschenmesser.

Und dann zwei Gewehre: eine Flinte, aus der man mit Schrot auf Hasen schießt, und eine Büchse, aus der man mit Kugeln auf Rehe schießt. Auch eine Jägerzeitung abonnierte er. Und dann pachtete er ein Jagdrevier, nicht weit von der Stadt, in der er wohnte. Natürlich kaufte er auch ein großes, geländegängiges Auto mit gewaltigen Rädern, damit er schnell in sein Jagdrevier kommen konnte und nicht in den schlammigen Waldwegen stecken blieb.

Als nun alles beisammen war und viel Geld gekostet hatte, ging Herr Aktenstaub zum ersten Mal auf die Jagd. Er pirschte am frühen Morgen durch den Wald. Und nach einiger Zeit sah er auf einer Lichtung ein Reh, das da friedlich äste. Er nahm das Gewehr hoch und legte an. Aber dann ließ Herr Aktenstaub den Lauf seines Gewehrs sinken. »Das arme Reh will auch noch leben«, sagte er, »ich kann es nicht totschießen.« Und er zerbrach sein Gewehr und stieg in sein Auto.

Aber dann ist er in die Stadt gefahren und hat im Supermarkt ein Reh gekauft. Und am nächsten Tag gab es bei Aktenstaubs gebratenen Rehrücken. Der Braten hat Herrn Aktenstaub übrigens gut geschmeckt.

TSCHÜS!

Als wir auf dem Schiff
saßen bei Tisch,
flog mir auf den Teller
ein fliegender Fisch.

»Du lässt dich verspeisen?
Ich danke dir sehr!«
»Tschüs!«, rief der Fisch.
Davon war er.

JOSEF GUGGENMOS

Ach, was sind die Menschen schlecht!

»Ach, was sind die Menschen schlecht!«,
jammerte im Topf der Hecht.

»Als ich noch im Fluss geschwommen,
ist einmal ein schöner junger
Weißfisch mir entgegengekommen,
da bekam ich großen Hunger.

Und aus Liebe und Behagen
hab ich gleich ihn aufgefressen.
Aber ach! – in seinem Magen
hat ein Häkchen festgesessen.

An dem Häkchen hing die Angel
und die Angel hielt der Bauer
und der Bauer lag schon lange
hinterm Schilfe auf der Lauer.

Bauer packte mich am Kopfe –
ach!, da half kein Zappeln, Beißen
und nun koch ich in dem Topfe
und man wird mich wohl verspeisen.«

Eine Zwiebel sprach zum Hecht:
»Siehst du, das geschieht dir recht!«

JOACHIM RINGELNATZ

70

Der Fisch

Dieser Fisch
auf meinem Tisch,
wo kommt der her?

Er kommt vom Meer.

Ist er den ganzen Weg geschwommen,
um schließlich bei mir anzukommen?

Nein, sieh her:
Er kommt vom Meer
in dieser Dose
mit einem Liter Knoblauchsoße.
Die Dose sah er dort am Strand
und schwamm deshalb sofort an Land.

Wo nahm er dann die Soße her?

Vom großen Knoblauchsoßenmeer.
Er hielt sich auf der Fahrt zu dir
die Nase zu, das glaube mir!

Doch wenn er Knoblauch grässlich fand,
warum schwamm er dann an Land?

Weil im Meer, in dem er wohnte,
das Leben sich nicht länger lohnte.
Denn das Wasser darin stank
und machte ihn auf Dauer krank.
Es stank viel schlimmer als die Dose
mitsamt der ganzen Knoblauchsoße.
Deshalb nahm er dort Quartier
und fuhr, so schnell es ging, zu dir.

Der arme Fisch
auf meinem Tisch,
von so weit weg kam er hierher …
Doch wie kam der Gestank ins Meer?

SALAH NAOURA

Die Schnecken

Rötlich dämmert es im Westen
und der laute Tag verklingt,
nur dass auf den höchsten Ästen
lieblich noch die Drossel singt.

Jetzt in dicht belaubten Hecken,
wo es still verborgen blieb,
rüstet sich das Volk der Schnecken
für den nächtlichen Betrieb.

Tastend streckt sich ihr Gehörne.
schwach nur ist das Augenlicht.
Dennoch schon aus weiter Ferne
wittern sie ihr Leibgericht.

Schleimig, säumig, aber stete,
immer auf dem nächsten Pfad,
finden sie die Gartenbeete
mit dem schönen Kopfsalat.

Hier vereint zu ernsten Dingen
bis zum Morgensonnenschein,
nagen sie geheim und dringen
tief ins grüne Herz hinein.

Darum braucht die Köchin Jettchen
dieses Kraut nie ohne Arg,
sorgsam prüft sie jedes Blättchen,
ob sich nichts darin verbarg.

Sie hat Furcht, den Zorn zu wecken
ihres lieben gnäd'gen Herrn.
Kopfsalat vermischt mit Schnecken
mag der alte Kerl nicht gern.

WILHELM BUSCH

FREDRIK VAHLE

Fischbrötchen denkt an Salat

Aus dem Leben einer naseweisen Schildkröte

Fischbrötchen denkt an Salat. Hat Hunger auf Salat. Träumt von Salat. Ein schönes, gutes Blatt Salat wünscht sie sich, das ganz mampfig und ganz knackezart nach Salat schmeckt.

Aber weit und breit ist kein Salat zu sehen, noch nicht mal ein winziges grünes Fitzelchen Salat.

Da tönt eine Stimme aus dem Nebenzimmer: »Da ham wir den Salat!«

»Oh, Salat«, denkt Fischbrötchen, »da muss ich hin.«

Aber in der Küche findet sie keinen Salat. Nur eine ärgerliche Hausfrau, die schimpft, weil jemand seine dreckigen Gummistiefel neben den Schokoladenpudding gestellt hat, weil die Suppenkelle in die Soße gefallen ist und das Katzenklo auf dem Fernseher steht.

»Da ham wir den Salat!«, hat die Hausfrau gesagt.

Aber hier ist ja gar kein Salat zu holen, nicht mal ein winziges grünes Fitzelchen Salat. Also versucht Fischbrötchen, anderswo Salat zu finden, und läuft hinaus auf die Straße.

Sie kommt zum Metzger und fragt: »Ham Sie Salat?«

»Natürlich«, sagt der Metzger: »Frischen Fleischsalat ham wir!«

»Salat von toten Tieren esse ich nicht«, sagt Fischbrötchen. »Blattsalat ist mir lieber, und wenn's nur ein winziges grünes Fitzelchen ist!«

»Hol dir doch dein Fitzelchen, wo der Pfeffer wächst!«, sagt der Metzger.

»Aha«, sagt Fischbrötchen. »Da muss ich nur noch rauskriegen, wo der Pfeffer wächst, und schon habe ich den Salat.«

Also geht sie wieder auf die Straße. Auf der Straße fährt ein Auto durch eine Pfütze und spritzt einen Mann mit Dreckwasser nass.

»Pass gefälligst auf, du Ferkel«, sagt der Mann zum Autofahrer.

»Guck erst mal dich selber an«, sagt der Autofahrer zum Mann.

»Da ham wir den Salat«, sagt die Frau vom Mann, »dein schöner Anzug ist hinüber.«

»Wieder kein richtiger Salat, nicht mal ein winziges grünes Fitzelchen«, sagt Fischbrötchen, aber sie fragt die beiden, ob sie wissen, wo der Pfeffer wächst.

»Wie soll ich denn das wissen«, sagt der Mann und ärgert sich weiter über den Autofahrer. Aber die Frau sagt: »Wenn das hier jemand weiß, so kann das nur Ali von der Imbissstube sein.«

Aber Ali aus der Imbissstube weiß auch nicht, wo der Pfeffer wächst, und grünen Salat hat er auch nicht da.

»Aber vielleicht beim Italiener«, sagt Ali, »da kannst du dir einen Salat bestellen.«

Fischbrötchen geht in das Restaurant vom Italiener und was bekommt sie: einen italienischen Salat!

Aber kein winziges grünes Fitzelchen Salat ist zu sehen, zuerst muss sie sich durch die Zwiebelringe durchessen, dann durch die Mayonnaise und den Thunfisch und schließlich durch die Oliven.

Dann ist sie erst mal satt. Und die schönen grünen Salatblätter hat sie immer noch nicht gefunden.

Also geht sie wieder nach draußen und trifft die Schnecke. »Wo willst du denn hin?«, fragt Fischbrötchen.

»Wir Schnecken sagen nie, wo wir hinwollen, weil wir dann immer als Letzte ankommen, und dann ist kein Salat mehr für uns da, nicht mal ein kleines, winziges grünes Fitzelchen. Du kannst dich höchstens anstellen und hinter mir herlaufen«, sagt die Schnecke.

»Oh, Salat«, sagt Fischbrötchen. »Wie sehr bin ich hinter Salat her, und wenn's nur ein winziges grünes Fitzelchen ist. Jetzt bin ich zwar ziemlich satt. Aber bis wir da sind, habe ich sicher wieder einen guten Hunger auf Salat«, sagt Fischbrötchen und so war es auch.

Fast eine ganze Stunde läuft sie hinter der Schnecke her. Und wo kommen sie dann hin?

Zu einem großen, mampfigen und knackezarten Salatblatt, und das essen sie beide zusammen, bis auf das letzte winzige grüne Fitzelchen.

»Da ham wir den Salat!«, sagt Fischbrötchen zufrieden. Und diesmal ist es wirklich so.

Pfannkuchen und Salat

Von Fruchtomeletts, da mag berichten
ein Dichter aus den höhern Schichten.

Wir aber, ohne Neid nach oben,
mit bürgerlicher Zunge loben
uns Pfannekuchen und Salat.

Wie unsre Liese delikat
so etwas backt und zubereitet,
sei hier in Worten angedeutet.

Drei Eier, frisch und ohne Fehl,
und Milch und einen Löffel Mehl,
die quirlt sie fleißig durcheinand'
zu einem innigen Verband.

Sodann, wenn Tränen auch ein Übel,
zerstückelt sie und mengt die Zwiebel
mit Öl und Salz zu einer Brühe,
dass der Salat sie an sich ziehe.

Um diesen ferner herzustellen,
hat sie Kartoffeln abzupellen.
Da heißt es, fix die Finger brauchen,
den Mund zu spitzen und zu hauchen,
denn heiß geschnitten nur allein
kann der Salat geschmeidig sein.

Hierauf so geht es wieder heiter
mit unserm Pfannekuchen weiter.

Nachdem das Feuer leicht geschürt,
die Pfanne sorgsam auspoliert,
der Würfelspeck hineingeschüttelt,
sodass es lustig brät und brittelt,
pisch, kommt darüber mit Gezisch
das ersterwähnte Kunstgemisch.

Nun zeigt besonders und apart
sich Lieschens Geistesgegenwart,
denn nur zu bald, wie allbekannt,
ist solch ein Kuchen angebrannt.

Sie prickelt ihn, sie stockert ihn,
sie rüttelt, schüttelt, lockert ihn
und lüftet ihn, bis augenscheinlich
die Unterseite eben bräunlich,
die umgekehrt geschickt und prompt
jetzt ihrerseits nach oben kommt.

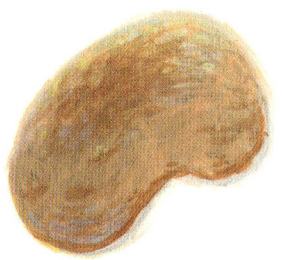

Geduld, es währt nur noch ein bissel,
dann liegt der Kuchen auf der Schüssel.

Doch späterhin die Einverleibung,
wie die zu Mund und Herzen spricht,
das spottet jeglicher Beschreibung,
und darum endet das Gedicht.

WILHELM BUSCH

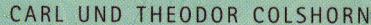

CARL UND THEODOR COLSHORN

Vom dicken fetten Pfannekuchen

Es waren einmal drei alte Weiber, welche gern einen Pfannekuchen essen wollten; da gab die erste ein Ei dazu her, die zweite
Milch und die dritte Fett und Mehl. Als der dicke fette Pfannekuchen fertig war, richtete er sich in der Pfanne in die Höhe
und lief den drei alten Weibern weg und lief immerzu und lief
kanntapper, kanntapper in den Wald hinein. Da begegnete ihm
ein Häschen und rief: »Dicke fette Pannekauken, blief stahn, eck
will di fräten!« Der Pfannekuchen antwortete: »Eck bin drei olen
Wiebern entlopen un schölle di Häschen Wippsteert nich entlopen?«, und lief kanntapper, kanntapper in den Wald hinein. Da
kam ein Wolf herangelaufen und rief: »Dicke fette Pannekauken,
blief stahn, eck will di fräten!« Der Pfannekuchen antwortete:
»Eck bin drei olen Wiebern entlopen, Häschen Wippsteert und
schölle di Wulf Dicksteert nich entlopen?«, und lief kanntapper,
kanntapper in den Wald hinein. Da kam eine Ziege herzugehüpft
und rief: »Dicke fette Pannekauken, blief stahn, eck will di fräten!« Der Pfannekuchen antwortete: »Eck bin drei olen Wiebern
entlopen, Häschen Wippsteert, Wulf Dicksteert und schölle di
Zicke Langbart nich entlopen?«, und lief kanntapper, kanntapper
in den Wald hinein. Da kam ein Pferd herbeigesprungen und
rief: »Dicke fette Pannekauken, blief stahn, eck will di fräten!«
Der Pfannekuchen antwortete: »Eck bin drei olen Wiebern entlopen, Häschen Wippsteert, Wulf Dicksteert, Zicke Langbart
un schölle di Perd Plattfaut nich entlopen?«, und lief kanntapper,
kanntapper in den Wald hinein. Da kam eine Sau dahergerannt
und rief: »Dicke fette Pannekauken, blief stahn, eck will di fräten!« Der Pfannekuchen antwortete: »Eck bin drei olen Wiebern
entlopen, Häschen Wippsteert, Wulf Dicksteert, Zicke Langbart,

Perd Plattfaut un schölle di Su Haff nich entlopen?«, und lief kanntapper, kanntapper in den Wald hinein. Da kamen drei Kinder daher, die hatten keinen Vater und keine Mutter mehr und sprachen: »Lieber Pfannekuchen, bleib stehen! Wir haben noch nichts gegessen den ganzen Tag!« Da sprang der dicke fette Pfannekuchen den Kindern in den Korb und ließ sich von ihnen essen.

Auf ein Ei geschrieben

Ostern ist zwar schon vorbei,
also dies kein Osterei;
doch wer sagt, es sei kein Segen,
wenn im Mai die Hasen legen?
Aus der Pfanne, aus dem Schmalz
schmeckt ein Eilein jedenfalls,
und kurzum, mich täts gaudieren,
dir dies Ei zu präsentieren,
und zugleich tät es mich kitzeln,
dir ein Rätsel draufzukritzeln.

Die Sophisten und die Pfaffen
stritten sich mit viel Geschrei:
Was hat Gott zuerst erschaffen,
wohl die Henne? Wohl das Ei?
Wäre das so schwer zu lösen?
Erstlich ward ein Ei erdacht:
Doch weil noch kein Huhn gewesen,
Schatz, so hats der Has gebracht.

EDUARD MÖRIKE

Hans

Ein kluger Knabe, er hieß Hans,
dressierte eine fette Gans
und brachte ihr ein Kunststück bei:
Sie legte ihm ein Spiegelei
samt Pfefferkörnern, Speck und Schmalz
nebst einer kleinen Prise Salz.

HANS MANZ

Bum bam beier

Bum bam beier,
die Katz mag keine Eier.
Was mag sie dann?
Speck in die Pfann!
Ei wie lecker ist unsre Madam!

KINDERREIM

Das Huhn und der Karpfen

Auf einer Meierei,
da war einmal ein braves Huhn,
das legte, wie die Hühner tun,
an jedem Tag ein Ei
und kakelte,
mirakelte, spektakelte,
als ob's ein Wunder sei!

Es war ein Teich dabei,
darin ein braver Karpfen saß
und stillvergnügt sein Futter fraß,
der hörte das Geschrei:
Wie's kakelte,
mirakelte, spektakelte,
als ob's ein Wunder sei!

Da sprach der Karpfen: »Ei!
Alljährlich leg ich 'ne Million
und rühm mich des mit keinem Ton:
Wenn ich um jedes Ei
so kakelte,
mirakelte, spektakelte –
was gäb's für ein Geschrei!«

HEINRICH SEIDEL

müdes, warmes Wetter

Butterstück will fort von uns,
will im Mai spazieren.
»Bleibe, liebes Butterstück,
könnt' dir was passieren!«

»Halt die Klapp!«, rief Butterstück
(hat es mir gegeben!).
Später sah ich wo am Weg
Butterstücklein kleben.

War noch halbe Portion,
klagte übers Wetter.
Sagte ich: »So ist das mal,
wird auch nicht mehr better.«

JOSEF GUGGENMOS

83

Die Biene Liane

Die Biene Liane
fiel – plumps – in die Sahne
und strimpelt und strampelt
und himpelt und hampelt
und zappelt gar sehr
in der Sahne umher.

Nun kann sie nicht starten
zu lustigen Fahrten.
Nun summt sie und brummt sie
und paddelt und schwaddelt
und schaukelt – summsumm –
in der Sahne herum.

Die Biene Liane
schlägt Schaum in der Sahne.
Das Quirrlen und Wirrlen,
das Blubbern und Bubbern
verwirrt ihr den Blick.
Doch die Sahne – wird dick!

Die Sahne – o wehe –,
sie schäumt in die Höhe.
Die Bläschen im Gläschen,
sie quellen und schwellen.
Das Bienchen wird lahm.
Aber dick wird der Rahm.

Die Biene Liane
steigt auf mit der Sahne.
Dies Schäumen, Sich-Bäumen
– wer ließ sich das träumen? –
Es hebt sie mit Braus
aus der Sahne heraus!

Sie quillt aus dem Glase
und fällt auf die Nase.
Da schluchzt sie und juchzt sie
und bügelt die Flügel
und brummelt vergnügt
und erhebt sich und – fliegt!

JAMES KRÜSS

MARTIN EBBERTZ

Der sportliche Emmentaler

Ein sportlicher Emmentaler Käse lag in einer Vor-
ratskammer auf einem Regalbrett mitten im Raum. Er war
goldgelb, groß wie ein Wagenrad und schwer wie ein Mühlstein.
Er lag schon so lange im Regal, dass er faul und träge geworden war.
Der Emmentaler gehörte einer alten Frau und die sagte sich eines Tages:
»Heute hätte ich große Lust auf eine kleine Scheibe Emmentaler.«
Sie ging in die Vorratskammer und versuchte, den Emmentaler zu bewegen, um ein
Stück herauszuschneiden, doch das war nicht so leicht. Sie schob hier, sie zog dort, aber
der Emmentaler rührte sich kaum von der Stelle. Da schließlich nahm sie Anlauf, senkte
den Kopf, hielt beide Arme vorneweg und stieß mit aller Gewalt gegen den schweren Käse.
»Au!«, sagte die Frau, sie hatte sich ein bisschen den Finger verstaucht.
Plumps!, machte der Käse, der vom Regal gefallen war. Er rollte ein wenig vor sich hin.
Die Türe der Vorratskammer stand offen und der Emmentaler kullerte in den Flur.
Die Frau ging hinterher. »Schön«, freute sie sich. »Jetzt kann ich mir eine kleine Scheibe
von meinem Emmentaler schneiden.«
Die Frau hatte auch die Haustüre offen gelassen, denn wo sie wohnte, gab es keine Diebe,
und der Emmentaler rollte hinaus auf die Straße. Die Frau folgte ihm.
Es ging leicht bergab und immer schneller raste der Emmentaler die Straße hinunter.
Er hüpfte vom Bürgersteig, er sprang über kleine Schlaglöcher. Vor einer Ampel wartete
er nicht etwa auf Grün – nein! –, bei Rot kugelte er über die Kreuzung und es war ein
großes Glück, dass niemandem etwas passierte.
Die Frau lief hinterher, so schnell sie konnte. »Halt!«, rief sie. »Mein Emmentaler! Haltet
ihn fest!«
Die Leute lachten nur und zeigten mit den Fingern. »Seht!«, riefen die Leute. »Da rollt
ein Emmentaler! Hat man so was schon mal gesehen?«
Der Emmentaler rollte und rollte, die Frau rannte und rannte. Als sie ganz außer Atem
war, musste sie eine Pause machen. So verlor sie den Emmentaler aus den Augen. Sie
wusste nur ungefähr die Richtung, in der sie suchen musste.

86

Und wie erging es derweil dem Emmentaler? Der sportliche Käse kullerte in einen Garten. In dem Garten stand ein Tisch. Um den Tisch standen sieben Stühle. Auf den Stühlen saßen die sieben hungrigsten Männer der Welt.

»Schön!«, riefen sie alle zugleich. »Da rollt ein Emmentaler, der kommt wie gerufen.« In genau sieben Minuten hatten die sieben hungrigsten Männer der Welt fast den ganzen Emmentaler aufgegessen – nur eine kleine Scheibe war übrig geblieben. Als die Frau in den Garten kam und nach ihrem Käse fragte, sagten die Männer: »Tut uns leid!«, und zeigten mit den Fingern auf ihre Bäuche. Die kleine Scheibe, die übrig geblieben war, gaben sie der Frau mit einer freundlichen Verbeugung.

»Siehst du«, sagte die Frau, als sie wieder zu Hause war, zu dem Käse in ihrer Hand.

»So geht es einem Käse, der nicht zu Hause bleiben will.«

Und dann verzehrte sie ihn mit einem einzigen Bissen.

MAX HUWYLER

Die Geschichte von der Geschichte im Käseloch

Jedes Kind weiß, was ein Käseloch ist. Das sind die kugelrunden Höhlen im Löcherkäse, größere oder kleinere, die einfach verschwinden, wenn man den Käse isst.

Es war einmal so ein Käseloch. Das wollte mehr sein als bloß ein Loch im Käse. Also dachte es nach, wie es etwas Größeres werden könnte als bloß ein Käseloch, wie es viele andere auch gibt.

Das Käseloch befand sich in einem Käsebissen und dieser Käsebissen lag in der Auslage des Käseladens in einem kleinen Dorf.

Eines Abends, als der Käser dem letzten Kunden ein letztes Stück Käse abschnitt und das Käseloch an die Schnittfläche geriet, zwängte es sich schnell aus dem Käsebissen.

Nun war Käse, wo vorher Loch war. Das Loch war weg, schwebte frei in der Luft und man konnte es nicht sehen. Es kam sich verloren vor. Was will ein Käseloch ohne Käse drum herum?

Es wurde Nacht und der Vollmond schien wie ein Käseloch am Himmel. Aber wir wissen natürlich, dass der Mond kein Loch ist, denn dort, wo der Mond ist, ist der Mond.

Der Mond ging unter, die Sonne ging auf. Am Morgen machte der Käser Käse, am Mittag schloss er die Ladentüre auf. Das Loch schwirrte ihm um den Kopf, der Käser schlug mit der Hand in die Luft, als wollte er eine Fliege verscheuchen. Der Käser verkaufte Milch und Butter und Quark und Joghurt und Milchschokolade und Käse mit Löchern und Käse ohne Löcher.

Das Käseloch war irgendwo.

Der Käser war ein freundlicher Mann. Besonders die Kinder mochten ihn gerne, denn er wusste immer wieder eine kleine Geschichte zu erzählen, die sie noch nie gehört hatten.

Einmal erzählte er die Geschichte von einer Milchkuh, die mehr sein wollte als nur eine Kuh, die Milch gibt. Die wurde dann tatsächlich so berühmt, dass sie auf einer Briefmarke abgebildet wurde. Ein andermal erzählte er von einem Käse, der Mond werden wollte. Aber das gelang dem Käse nicht. Menschen brauchen sowieso keinen Käse als Mond. Den Mond brauchen sie zum Scheinen und den Käse zum Essen.

Gegen Abend, kurz bevor der Käser die Käserei schloss, kam ein kleines Mädchen in den Laden, grüßte und sagte: »Ein Pfund Käse, bitte.«

»Von welchem?«, fragte der Käser.

»Von dem mit den großen Löchern.«

»Sonst noch etwas?«

»Ja, zwei Erdbeerjoghurt und eine Geschichte, bitte.«

Der Käser verkaufte dem Kind den Käse und die beiden Joghurt.

»Und eine Geschichte.«

Das Käseloch, das mehr sein wollte als nur ein Loch, schwebte im Raum über dem Mädchen. Als es die Bitte des Mädchens hörte, wurde es ganz aufgeregt. Der Käser strich sich mit der Hand über den Schnurrbart. Da schien ihm, als kitzele ihn etwas am kleinen Finger.

»Also gut«, sagte der Käser.

Schnell setzte sich das Käseloch dem Käser vor den Mund und war nun eine Sprechblase, es dehnte sich aus, damit eine ganze Geschichte darin Platz finden konnte.

»Es war einmal ein Käseloch«, begann der Käser zu erzählen. »Das wollte mehr sein als bloß ein Loch im Käse. Also überlegte es sich, wie es etwas Größeres werden könnte als bloß ein Käseloch, wie es viele andere auch gibt. Das Käseloch befand sich in einem Käsebissen. Und dieser Käsebissen lag in der Auslage des Käseladens in einem kleinen Dorf…«

Es gibt verschiedene Möglichkeiten, die Geschichte zu einem Ende zu bringen.

Zum Beispiel so: Der Käser erzählte und erzählte, bis er ein alter Mann und das Mädchen eine junge Frau war.

Oder so: Der Käser erzählte weiter und weiter, die Sprechblase dehnte sich, bis sie die Wörter nicht mehr zu fassen vermochte und zerplatzte. Das Loch war weg und die Geschichte zersprang in tausend Wörter. Vielleicht wachsen aus den Wörtern irgendwann neue Geschichten…

süß und sauer

... von lachenden Birnen,
knallenden Äpfeln,
zitternden Puddings
und verschwundener Schokolade

Einkehr

Bei einem Wirte, wundermild,
da war ich jüngst zu Gaste;
ein goldner Apfel war sein Schild
an einem langen Aste.

Es war der gute Apfelbaum,
bei dem ich eingekehret;
mit süßer Kost und frischem Schaum
hat er mich wohl genähret.

Es kamen in sein grünes Haus
viel leicht beschwingte Gäste;
sie sprangen frei und hielten Schmaus
und sangen auf das Beste.

Ich fand ein Bett zu süßer Ruh
auf weichen, grünen Matten;
der Wirt, er deckte selbst mich zu
mit seinem kühlen Schatten.

Nun fragt' ich nach der Schuldigkeit,
da schüttelt' er den Wipfel.
Gesegnet sei er allezeit
von der Wurzel bis zum Gipfel.

LUDWIG UHLAND

Der Bratapfel

Kinder, kommt und ratet,
was im Ofen bratet!
Hört, wie's knallt und zischt.
Bald wird er aufgetischt,
der Zipfel, der Zapfel,
der Kipfel, der Kapfel,
der gelbrote Apfel.

Kinder, lauft schneller,
holt einen Teller,
holt eine Gabel!
Sperrt auf den Schnabel
für den Zipfel, den Zapfel,
den Kipfel, den Kapfel,
den goldbraunen Apfel!

Sie pusten und prusten,
sie gucken und schlucken,
sie schnalzen und schmecken,
sie lecken und schlecken
den Zipfel, den Zapfel,
den Kipfel, den Kapfel,
den knusprigen Apfel.

FRITZ UND EMILY KOEGEL

93

Am Brunnen vor dem Tore

Am Brunnen vor dem Tore,
da steht ein Birnenbaum,
er trägt so viele Äpfel,
man sieht die Zwetschgen kaum.

KINDERREIM

Inserat

Die verehrlichen Jungen, welche heuer
meine Äpfel und Birnen zu stehlen gedenken,
ersuche ich höflichst, bei diesem Vergnügen
womöglich insoweit sich zu beschränken,
dass sie daneben auf den Beeten
mir die Wurzeln und Erbsen nicht zertreten.

THEODOR STORM

Herbstgedicht

Ich schreibe dir ein Herbstgedicht
von überreifen Birnen.
Um Äpfel, Zwetschgen geht es nicht:
Dies ist ein reines Birngedicht,
so tief im Laub und gelb im Licht,
so schwer, dass hier die Zeile *bricht.*

JÜRG SCHUBIGER

Herr von Ribbeck auf Ribbeck im Havelland

Herr von Ribbeck auf Ribbeck im Havelland,
ein Birnbaum in seinem Garten stand.
Und kam die goldene Herbsteszeit
und die Birnen leuchteten weit und breit,
da stopfte, wenn's Mittag vom Turme scholl,
der von Ribbeck sich beide Taschen voll.
Und kam in Pantinen ein Junge daher,
so rief er: »Junge, wiste 'ne Beer?«
Und kam ein Mädel, so rief er: »Lütt Dirn,
kumm man röwer, ick hebb 'ne Birn.«

So ging es viel Jahre, bis lobesam
der von Ribbeck auf Ribbeck zu sterben kam.
Er fühlte sein Ende, 's war Herbsteszeit,
wieder lachten die Birnen weit und breit;
da sagte von Ribbeck: »Ich scheide nun ab.
Legt mir eine Birne mit ins Grab.«
Und drei Tage drauf, aus dem Doppeldachhaus,
trugen von Ribbeck sie hinaus,
alle Bauern und Büdner mit Feiergesicht
sangen: »Jesus, meine Zuversicht«.
Und die Kinder klagten, das Herze schwer:
»He is dod nu. Wer giwt uns nu 'ne Beer?«

So klagten die Kinder. Das war nicht recht –
ach, sie kannten den alten Ribbeck schlecht;
der *neue* freilich, der knausert und spart,
hält Park und Birnbaum strenge verwahrt.
Aber der *alte*, vorahnend schon
und voll Misstraun gegen den eigenen Sohn,
der wusste genau, was damals er tat,
als um eine Birn' ins Grab er bat,
und im dritten Jahr aus dem stillen Haus
ein Birnbaumsprössling sprosst heraus.

Und die Jahre gehen wohl auf und ab,
längst wölbt sich ein Birnbaum über dem Grab
und in der goldenen Herbsteszeit
leuchtet's wieder weit und breit.
Und kommt ein Jung' übern Kirchhof her,
so flüstert's im Baume: »Wiste 'ne Beer?«
Und kommt ein Mädel, so flüstert's: »Lütt Dirn,
Kumm man röwer, ick gew di 'ne Birn.«

So spendet Segen noch immer die Hand
des von Ribbeck auf Ribbeck im Havelland.

THEODOR FONTANE

STIJN MOEKAARS

Blaubeeren

Bär lief auf der anderen Seite des Hügels herum. Dort standen die Birkenbäume des Waldes und dort wuchsen die Blaubeersträucher.

»Ich glaube, ich habe genug Blaubeeren für die Torte.« Er schaute in den Weidenkorb. »Für die Blaubeertorte reicht es bestimmt.«

Bär ging ruhig weiter. Da und dort pflückte er noch ein paar Blaubeeren.

»Biene wird sich freuen, wenn ich sie mit der Torte überrasche«, sagte Bär und lächelte. »Ein Geburtstag ist doch wirklich etwas Besonderes.«

Bär schaute noch einmal in den Korb. »Es bleiben wohl noch welche übrig, sodass ich eine warme Soße machen kann.«

Bär lief das Wasser im Mund zusammen.

»Für den Pudding.« Er nickte. »Biene bekommt von mir einen Spezial-Geburtstags-Pudding mit warmer Blaubeersoße. Der schmeckt ihr bestimmt.«

Bär betrachtete die Blaubeere, die er in der Pfote hielt. »Sind sie auch süß genug?«, fragte er sich. »Ich muss mal eine probieren, um ganz sicher zu sein. Angenommen, die Beeren sind ganz sauer. Das kann ich Biene doch nicht antun.«

Bär kniff die Augen zu, als probiere er eine saure Blaubeere.

»Brrr«, sagte er. »Ich darf gar nicht daran denken. Soll ich probieren? Nur eine. Ich habe ja sowieso genug.«

Bär steckte die Beere in den Mund.

»Hmm, nicht schlecht.« Er nickte. »Sogar sehr lecker.«

Bär machte sich auf den Weg zu seiner Höhle.

Ein paar Schritte weiter blieb er stehen.

»Angenommen«, er schaute in den Korb, »angenommen, dass diese Beere sehr sauer ist. Das würde Biene nicht gefallen. Ich werde sie probieren.«

Er steckte die Blaubeere in den Mund.

»Was für ein Glück.« Er nickte. »Die war auch süß. Aber diese da, wie wird sie schmecken?«

98

Bär aß sie auf.

»Herrlich«, seufzte er. »So süß, wie sie sein sollte.« Bär steckte noch eine Beere in den Mund. Und noch eine und noch eine. Der Korb wurde langsam leer. Gerade als Bär seine Pfote wieder in den Korb steckte, kam Biene angeflogen.

»Hallo, Bär«, rief Biene.

»Ach, du bist's, Biene.« Bär hob eine Pfote.

»He, Bär«, sagte Biene. »Deine Pfote ist ganz blau. Hast du dir wehgetan?«

»Oh!« Bär betrachtete seine blaue Pfote. »Nein, habe ich nicht.«

»Und deine Lippen, Bär. Deine Lippen sind auch ganz blau.«

»Wirklich?« Bär rieb sich mit der Pfote über den Mund.

»Hast du vielleicht Blaubeeren genascht?«

Bär nickte.

»Die Blaubeeren waren ... äh ...« Verlegen schaute er in den Korb. »Sie waren eigentlich für dich.«

»Für mich?«, fragte Biene verwundert.

»Ja, für deine Geburtstagstorte«, sagte Bär. »Und für deinen Geburtstagspudding. Eigentlich sollte es eine Überraschung werden.«

»Ich habe gar nicht gewusst, dass du eine Torte für mich machen willst«, sagte Biene. »Das ist wirklich eine Überraschung.«

»Aber ... aber ...«, stotterte Bär, »die Blaubeeren sind fast alle weg. Ich wollte wissen, ob sie süß genug sind für dich.«

Biene nickte. »Und? Waren sie süß?«

»Sie waren wunderbar«, sagte Bär.

»Was für ein Glück«, sagte Biene. »Aber ich habe auch eine Überraschung für dich, Bär.«

»Was denn?«

»Ich wollte dich zu meinem Geburtstag einladen«, sagte Biene. »Zu einem Stück Kuchen.«

»Hast du einen Kuchen gebacken?«

»Ja. Geburtstagskuchen mit süßem Honig und gerösteten Eicheln.«

Bär strahlte. »Was für eine Überraschung!«, rief er.

Rot leuchten die Johannisbeeren

Mittagsstille. Sommerzeit.
Gartenwelt voll Friedlichkeit.

Rot leuchten die Johannisbeeren.
Sie leuchten – locken zum Verzehren.

Ein schwarzes Vogelwesen sitzt
stillvergnügt im Busch und pickt.

Da rennt ein Mann hinzu und schreit.
Die Amsel flieht, doch nicht sehr weit.

Sie zetert laut, ist sehr empört,
weil man sie bei der Mahlzeit stört.

»Bleib von den Beeren!«, schreit der Mann.
Die schwarze Amsel hört sich's an.

Der Menschen-Mann verlässt den Ort,
geht heim zum Haus, verschwindet dort.

Die Amsel huscht zum Busch zurück.
Mittagsstille. Sommerglück.

JOSEF GUGGENMOS

blass und süß

ich trinke gerne
himbeerwasser
es verschwindet in mir
streift lippen und zunge
mit rosa geschmack
ist immer zu wenig
ich lieb es so sehr
zwischen dunkel und hell
zwischen blass und süß
muss es sein
ganz genau
und schon weg
wie dann ich
kurz danach
omas hand
wasserbauch
trag es noch
wasserkind
saug es auf

MICHAEL HAMMERSCHMID

Pampelmusensalat

Bei der Picknickpause in Pappelhusen
aß Papa mit Paul zwei Pampelmusen.
Doch bei dem Pampelmusengebabbel
purzelte plötzlich der Paul von der Pappel
mit dem Popo in Papas Picknickplatte,
wo Papa die Pampelmusen hatte.
»Oh Paul«, schrie Papa, »du bist ein Trampel!
Plumpst mitten in meine Musepampel –
ich wollte sagen: in die Mampelpuse –
nein: Pumpelmase – nein: Pampelmuse!«
Das gab vielleicht ein Hallo!
Die Pappeln, der Papa, der Paul und sein Po,
das Picknick, die Platte (um die war es schad) –
das war *ein* Pampelmusensalat!

HANS A. HALBEY

102

Warum die Zitronen
sauer wurden

Ich muss das wirklich mal betonen:
Ganz früher waren die Zitronen
(ich weiß nur nicht genau mehr, wann dies
gewesen ist) so süß wie Kandis.

Bis sie einst sprachen: »Wir Zitronen,
wir wollen groß sein wie Melonen!
Auch finden wir das Gelb abscheulich,
wir wollen rot sein oder bläulich!«

Gott hörte oben die Beschwerden
und sagte: »Daraus kann nichts werden!
Ihr müsst so bleiben! Ich bedauer!«
Da wurden die Zitronen sauer…

HEINZ ERHARDT

Pudding

Puddingspeise, wackelst leise,
ist dir kalt?
Dass du zitterst und so zagst,
ist das, weil du Kühlfächer
furchtbar magst?
Oder weißt du, wie es um dich steht?
Wie es jedem Nachtisch mal ergeht?
Was bist du auch so süß und rot!
Einmal schlucken:
wackelst leise, Puddingspeise,
und bist tot.

EDWARD VAN DE VENDEL

Die Schokoladentäfelchen

Jana kann sich ganz genau an den Tag erinnern, als es passiert ist. Wie immer war sie nachmittags nach Hause gegangen. Unten die Haustür stand auf, sodass sie erst oben an ihrer Wohnungstür klingeln musste. Aber es hat niemand aufgemacht. Immer wieder hat sie auf die Klingel gedrückt und an die Tür gewummert. Schließlich hat sie sich auf die Treppe gesetzt und ihr Matheheft rausgeholt. Beim Rechnen vergeht die Zeit wie im Fluge. Weil Jana so gut rechnen kann, gibt ihr Frau Aslan immer extra knifflige Aufgaben. Ihr und Kim und Bam.

Nach einer ganzen Weile kam İdil die Treppe hochgeschnauft. Sie hat Jana da sitzen sehen und ihr angeboten, bei ihr in der Wohnung zu warten, bis jemand kommt. »Du kannst ja Hausaufgaben machen, wenn du welche aufhast.« Jana dachte nicht lange nach, nahm ihren Ranzen und stapfte hinter İdil die Treppe hinauf, ein Stockwerk höher. Kaum hatte sie die Schuhe ausgezogen, sich an den großen Tisch gesetzt und ihre Sachen ausgepackt, hat İdil gesagt, sie müsse noch mal kurz weg. »Ja, aber ich kann doch hier nicht alleine bleiben«, hatte Jana sagen wollen, doch der Satz war in ihrem Kopf geblieben und hatte nicht den Weg in ihren Mund und über ihre Lippen gefunden. Das passiert Jana häufig, aber diesmal war es nicht so schlimm. Dachte sie. Denn sie war ja schon öfter in İdils Wohnung gewesen, sie würde ihre Aufgaben machen und İdil würde bald wiederkommen.

Trotzdem war es Jana ein bisschen unheimlich. Sie blickte starr auf ihr Heft und wollte sich auf ihre Arbeit konzentrieren. Schreiben üben musste sie. Schreibschrift. Das konnte sie gar nicht gut. Ihre Finger machten immer was anderes als ihr Kopf und schon stand ein doofes Krickelkrakel auf dem Blatt. Jana strampelte mit den Beinen und kaute am Bleistift rum. Auf einmal drängte sich ein Ticken in ihre Ohren. TICK TICK TICK TICK. Blödes Geräusch. Selbst Jana, die Meisterin im Abschalten, kriegte es nicht aus dem Kopf. Sie blickte sich im Zimmer um. Was war das? Was tickte da? Und wo?

Jana suchte mit den Augen das große Bücherregal ab. Vor den bunten Bücherrücken entdeckte sie kleine Figuren, Fotos, Steine, Muscheln, getrocknete Blumen. Aber nichts, das tickte. Janas Blicke wanderten weiter zu der Kommode, auf der zwei mächtige Pflanzen thronten. Die eine hatte dicke breite Blätter und wucherte fast bis zur Decke hoch, die andere ließ ihre grün-weiß gestreiften langen, schmalen Blätter locker zur Seite hinunterfallen. Und da, zwischen den beiden Töpfen, stand ein kleiner roter Wecker und tickte stur vor sich hin. TICK TICK TICK TICK.

Auch als Jana wusste, was es war, machte sie das Ticken nervös. Sie rutschte vom Stuhl runter und blickte sich nach etwas um, das den Wecker stumm machen könnte. Erst überlegte sie, ob sie das Ding kurzerhand in ein anderes Zimmer stellen sollte, aber dann klappte sie einfach die dicke gewebte Decke, die auf der Kommode lag, darüber. Schon war das Ticken kaum noch zu hören. Schön.

Jetzt hätte sie eigentlich zurück an den Tisch gehen und weiterschreiben sollen. Das hatte sie auch vor. Aber da umschlossen ihre Finger wie von selbst die Griffe der oberen Schublade der Kommode.

Jana wusste ganz genau, dass man nicht einfach an die Sachen von anderen geht. Doch schon zogen ihre beiden Hände wie auf Kommando die große Schublade auf. Was da alles drin war! Auf der einen Seite lauter Spiele – Karten, Domino, Tavla, Okey, Scrabble, Würfel, Vier gewinnt – und auf der anderen Seite Süßigkeiten und Knabberzeug, jede Menge. Schokolade, Pralinen, Kekse, Lakritze, Sonnenblumen- und Kürbiskerne, Haselnüsse, Mandeln, geröstete Kichererbsen, Rosinen.

Wenn Besuch kommt, stellt İdil immer was Leckeres auf den Tisch. An dem Tag hatte sie das nicht getan. Vielleicht, überlegte Jana, hat sie es einfach vergessen und ich darf mich selbst bedienen?

In einer Schachtel lagen bunte Schokoladentäfelchen, ganz viele. Wieder bewegten sich Janas Hände wie von selbst. Ein rotes, ein blaues, ein grünes Täfelchen wanderten aus der Schachtel zwischen Janas Finger. Eins, zwei, drei. Mit dem Rücken schob sie die Schublade zu, riss das blaue Täfelchen auf, verschlang den Inhalt, dann kam das grüne Täfelchen dran und zum Schluss das rote. Dicker Schokoladenbrei machte sich süß und weich in Janas Mund breit.

Runtergeschluckt und schon war's vorbei. Der Schokoladengeschmack hielt sich noch eine Weile in Janas Mund, dann wurde er dünner und dünner. Bis nur noch das Schokoladenpapier in ihren Händen daran erinnerte, was sie eben getan hatte.

Na, was schon, beruhigte sie sich. Die Schublade war voller Süßigkeiten. Von den Täfelchen gab es so viele, dass Jana sie gar nicht mit einem Blick hätte zählen können. Vier Sachen kann man leicht auf einmal erfassen, das wusste sie von Papa. Aber wenn es mehr sind, wird es schwer. Das heißt, İdil würde im Leben nicht merken, dass Jana sich welche genommen hatte. Drei weniger konnten gar nicht auffallen.

Erst wollte Jana in die Küche und das Papier in den Mülleimer werfen, dann fiel ihr ein, dass İdil es dort entdecken könnte. Müllbeutel sind durchsichtig. Also stopfte sich Jana das bunte Papier in die Hosentasche, setzte sich an den Tisch und machte mit ihren Schreibschriftübungen weiter. Langsam, wie in Zeitlupe, und trotzdem mit Schwung, wie Frau Aslan immer sagte. Dabei überlegte Jana ganz kurz, ob sie İdil von der Schokolade erzählen sollte.

Aber selbst wenn sie es gewollt hätte, wäre sie gar nicht dazu gekommen. Denn als İdil zurückkehrte, war die Hölle los …

MARTIN EBBERTZ

Der Eiskönig

Der kleine Christian hatte einen festen und tiefen Schlaf. Er schlief und schlief.
Er schlief und schlief. Doch mitten in der Nacht kam ein Zauberer und weckte
ihn auf. »Guten Morgen«, sagte der Zauberer. »Aufstehen! Wir machen eine
Reise.« Er hob seinen Zauberstab und ließ ihn dreimal in der Luft kreisen.
Plötzlich hatte Christian Schlittschuhe an den Füßen. »Wo sind wir?«, fragte er.
»Wir sind auf dem Eis«, erklärte der Zauberer. Wie der Blitz sausten die beiden
über die spiegelglatte Fläche.

Auf dem Eis gab es Bäume, Häuser und sogar ein großes Schloss – alles weiß
und alles aus Eis. »So viel Eis«, wunderte sich Christian. »Mitten im Sommer!«
»In dem Schloss wohnt der Eiskönig«, erklärte der Zauberer und hielt vor einem großen, weißen Baum. »Und dies«, sagte er, »dies ist ein königlicher Him-
beerbaum.« Er brach einen Ast ab und lutschte daran. »Vorzüglich«, sagte er.
Auch Christian versuchte einen Ast. »Das ist ja Himbeereis!«, staunte er. Jetzt
probierte Christian an jedem Baum. »Erdbeere!«, rief er hier. »Banane!«, rief er
dort. »Zitrone! Ananas! Vanille!«

Vor dem Schloss angekommen, versicherte der Zauberer: »Auch das Schloss
kann man essen. Aber es hat einen etwas ungewohnten Geschmack.« Christian
probierte die Mauer und verzog das Gesicht. »Das ist ja Sauerkrauteis!«, sagte
er. Er versuchte von jedem Teil des Schlosses ein kleines Stück. Es gab alle Eis-
sorten, die man sich denken kann. Spinat, Blumenkohl, Gurken und Radieschen
zum Beispiel.

Aber da öffnete sich die Schlosstüre und ein kleines Männchen mit einer roten Knollennase kam heraus. »He!«, schimpfte das Männchen. »Wer hat euch erlaubt, von meinem Schloss zu essen?« Der Zauberer verbeugte sich. »Guten Tag, allerverehrtester Herr Eiskönig.« Christian machte es ihm nach. »Das ist Christian«, erklärte der Zauberer. »Er ist zum ersten Mal auf dem Eis und er hat nur ein ganz kleines bisschen von deinem Schloss probiert.« »Das verstehe ich«, sagte der Eiskönig. »Und wie schmeckt dir unser Eis? So etwas hast du bestimmt noch nie gegessen.« »Doch!«, rief Christian. »Heute Nachmittag war ich in der Eisdiele.« »Hmm«, grummelte der König etwas enttäuscht. Christian tröstete ihn. »Aber Gemüseeis gibt es da nicht«, sagte er. »Schön«, freute sich der König. »Komm herein. Du darfst von dem Schloss so viel essen, wie du möchtest.« Innen schmeckte das Schloss sehr gut. Christian aß ein ganzes Treppengeländer aus herrlichem Nusseis.

»Zu dumm«, sagte der König. »Du hast das Treppengeländer gegessen. Jetzt könnte leicht jemand von der Treppe fallen.« Da aß Christian zur Sicherheit auch noch die Treppe auf (aus feinem Malagaeis mit Rosinen) und nun konnte niemand mehr etwas passieren. »So ist es recht«, sagte der Eiskönig. »Gefällt es dir hier? Möchtest du für immer hier bleiben?« Aber da hatte Christian auf einmal ein eigenartiges Gefühl im Bauch. »Nein«, sagte er und hielt sich den Bauch fest. »Ich habe Bauchschmerzen. Ich möchte nach Hause.« Da lachte der Eiskönig und der Zauberer lachte auch.

Und plötzlich wachte Christian auf. Er rieb sich die Augen und sah sich um. Er war in seinem Zimmer und lag in seinem Bett. War alles nur ein Traum gewesen? Christian wusste es nicht genau. Aber eines war sicher: Sein Magen war immer noch ziemlich schwer, so als hätte Christian viel zu viel Eis gegessen.

Backe, backe Kuchen

Backe, backe Kuchen,
der Bäcker hat gerufen:
Wer will guten Kuchen backen,
der muss haben sieben Sachen:
Eier und Schmalz,
Zucker und Salz,
Milch und Mehl,
Safran macht den Kuchen gel.

KINDERREIM

Meine Mutter schickt mich her

Meine Mu, meine Mu,
meine Mutter schickt mich her,
ob der Ku, ob der Ku,
ob der Kuchen fertig wär.
Wenn er no, wenn er no,
wenn er noch nicht fertig wär,
käm ich mo, käm ich mo,
käm ich morgen wieder her.

KINDERREIM

Vom Honigkuchenmann

Keine Puppe will ich haben –
Puppen gehn mich gar nichts an.
Was erfreun mich kann und laben,
ist ein Honigkuchenmann,
so ein Mann mit Leib und Kleid,
durch und durch von Süßigkeit.

Stattlicher als eine Puppe
sieht ein Honigkerl sich an,
eine ganze Puppengruppe
mich nicht so erfreuen kann.
Aber seh ich recht dich an,
dauerst du mich, lieber Mann.

Denn du bist zum Tod erkoren –
bin ich dir auch noch so gut,
ob du hast ein Bein verloren,
ob das andre weh dir tut:
Armer Honigkuchenmann,
hilft dir nichts, du musst doch dran!

AUGUST HEINRICH HOFFMANN

HANNA JOHANSEN

siebenschläferkuchen

Fast alle Siebenschläfer essen schrecklich gern Kuchen. Nur ganz selten gibt es mal einen, der keinen Kuchen mag. Der hat dann stattdessen Spinat, Fisch und Froschschenkel gern. Aber man muss lange suchen, bis man so einen findet. Viele von den Siebenschläfern, die gern Kuchen essen, backen auch gern. Viele aber auch nicht. Vielleicht liegt das daran, dass das Backen eine Weile dauert. Vielleicht aber auch nicht.

Ein Siebenschläfer, der Kuchen backen wollte, stellte alles auf den Tisch, was er dafür brauchte.

»Wir haben nicht genug Eier«, sagte er.

»Wie viele brauchst du denn?«, sagte sein Vater.

»Drei mal sieben«, sagte er.

»Ich glaube, das ist zu viel«, sagte der Vater.

»Nein«, sagte der Siebenschläfer, »das ist genau richtig.«

Und als sein Vater, der auch schon viele Kuchen gebacken hatte, es nicht glauben wollte, fügte der Siebenschläfer hinzu: »Du wirst schon sehen.«

Er kaufte drei mal sieben Eier. Und weil es Schokoladenkuchen werden sollte, kaufte er auch 7 Tafeln Schokolade. Dann rührte er einen Teig aus siebenhundert Gramm Butter, siebenhundert Gramm Zucker, drei mal sieben Eiern, siebenhundert Gramm geschmolzener Schokolade, sieben Esslöffeln gemahlenen Nüssen und siebenhundert Gramm Mehl mit sieben Esslöffeln Backpulver. Es war eine schwere Arbeit. Sieben Fingerspitzen voll Teig musste der Siebenschläfer gleich essen. Aus dem Rest machte er sieben Kuchen. Das werden die besten Kuchen der Welt, dachte er.

»Wie lange müssen sie backen?«

Sein Vater fing an zu rechnen. Dann sagte er: »Fünf mal sieben Minuten.«

»So lange?«, sagte der Siebenschläfer. »Das ist ja nicht auszuhalten.«

Es war einmal ein Siebenschläfer, der nahm seine 7 Kuchen aus dem Backofen und stellte sie auf den Tisch.

»Wer soll die alle essen?«, sagte die Mutter.

»Ich«, sagte der Siebenschläfer. »Aber ihr dürft auch probieren.«

Sie rochen wie die besten Kuchen der Welt. Und so schmeckten sie auch. Aber wer wissen will, wie Siebenschläferkuchen wirklich schmecken, der muss selber einen backen.

TOON TELLEGEN

Eine Torte für jeden

Am Morgen seines Geburtstags backte Eichhorn Torten. Noch bevor die Sonne aufging, war er schon an der Arbeit.

Er wollte so viele Torten backen, dass jeder am Ende des Tages sagen würde: »Ich kann nicht mehr …« Erst dann war es ein richtiger Geburtstag, fand er.

Er backte große Honigkuchen für den Bär und die Hummel, eine Grastorte für das Nilpferd, eine kleine, rote Torte für die Mücke und einen Sandkuchen für das Dromedar. Er backte schwere, salzige Torten für den Hai und den Tintenfisch und ließ sie an einer Kette ins Wasser hinunter, und er backte leichte, luftige Torten für die Schwalbe und die Wildgans und den Austernfischer, die er hoch über den Bäumen schweben ließ, an einem Seil, damit sie nicht wegfliegen konnten. Er backte dicke, feuchte Torten für den Regenwurm und den Maulwurf, die so schwer waren, dass sie in den Boden sacken konnten, damit der Regenwurm und der Maulwurf sie im Dunkeln essen konnten – dort schmeckten diese Torten am besten.

Ab und zu ruhte Eichhorn ein bisschen aus, aber nie lange.

Denn unzählige Torten sind sehr, sehr viele Torten.

Er backte eine grobe Rindentorte für den Elefanten und eine kleine, morsche Weidentorte für den Holzwurm.

Er dachte gründlich nach und backte dann eine Torte aus lauter Wasser für die Libelle. Es war eine seltsam glitzernde Torte und er legte sie zur Seite, unter einen Rosenstrauch.

Er backte den ganzen Morgen durch, und erst als die Sonne hoch am Himmel stand und das Fest bald anfangen würde, war er fertig. Er schaute sich um und nickte. Überall lagen, schwebten, standen und hingen Torten – schwarze Torten, weiße Torten, krumme Torten, runde Torten, hohe Torten und riesige, plumpe Torten, die langsam im Boden versanken. Die meisten Torten dampften noch und verbreiteten süße Düfte und schienen zu glitzern vor Ungeduld.

Es war ein warmer, sonniger Tag, mitten im Sommer. Es gab eine Torte für jeden.

Satt und rund

... von schmausenden Mündern,
feuchten Kehlen,
prallen Bäuchen
und rumpelnden Mägen

KARIN GÜNDISCH

Thomas

Thomas hat Hunger. Er hat oft Hunger. Er darf nicht viel essen. Thomas ist dick.
In der Pause hat er kein Pausenbrot. Zu Mittag kann er sich nicht satt essen.
»Du wirst zu dick«, sagt seine Mutter. Die Mutter von Thomas ist auch dick. Sie
darf auch nicht viel essen. Sie hat es gelernt, nicht viel zu essen.
Am Nachmittag geht Thomas zu seinem Freund Jens. Sie spielen zusammen.
Nach einer Weile sagt Thomas: »Ich hab Hunger.«
Jens gibt ihm einen Joghurt.
Thomas isst den Joghurt. »Hast du nicht auch ein Stück Brot?«, fragt er.
Jens holt das Brot. »Willst du ein Stück Käse drauf?«
»Doch, gern«, sagt Thomas.
»Vielleicht auch Wurst?« Thomas nickt zustimmend.
Er isst. Es schmeckt ihm. Er genießt das Essen.
»Du wirst aber dick«, sagt Jens.
»Na und«, sagt Thomas. »Ich mag mich auch dick.«
»Ich mag dich auch dick«, sagt Jens.
Die Jungen sehen sich an und lachen.
Am Abend hat Thomas keinen Hunger.
Die Mutter sagt: »Siehst du, es geht doch,
wenn du willst.«
Thomas nickt und grinst.

Der Geheimtipp

Kevin mag seine Oma sehr. Lydia heißt sie und ist die Mama seiner Mama. Sie ist tüchtig und traut sich was. Sie kocht gut und isst sehr gern, sie singt und tanzt leidenschaftlich, sie wandert und schwimmt ausdauernd. Oma Lydia geht mit Kevin in den Zoo und in den Stadtpark, in den Zirkus und in die Stadtbücherei, im Winter ins Hallenbad und im Sommer ins Freibad. Kurz und gut: Eine bessere Oma kann sich Kevin kaum vorstellen.

Für eine Oma ist sie noch ziemlich jung. Kurz vor Ostern wurde sie 53 Jahre alt! Opa ist vor zwei Jahren gestorben, deshalb wohnt sie ganz allein in ihrer Wohnung.

In ihrem Schlafzimmer hat sie einen großen Spiegel. Wenn Kevin sie besucht, spiegelt er sich gern darin. Er könnte doppelt so groß und dreimal so breit sein und würde doch noch in den Spiegel hineinpassen.

Für Oma Lydia aber ist der Spiegel manchmal schon zu klein. Sie hat nämlich ein Problem: Sie ist ziemlich dick. Na ja, die Erwachsenen würden stattdessen »mollig« sagen. Aber Kevin ist ja noch nicht in dem Alter, in dem man sich ans Lügen gewöhnen muss.

Oma Lydia ist nicht immer dick. Im Juli oder August macht sie meistens auf Mallorca Urlaub. Dort schwimmt sie jeden Tag drei Mal. Wenn es rund um die Insel Haie gäbe, wäre sie schon längst von ihnen aufgefressen worden, weil sie immer so weit hinausschwimmt. Das tut sie, um dünner zu werden. Vom Weithinausschwimmen nimmt sie wirklich jeden Tag etwas ab.

Auf Mallorca lebt sie fast nur von Fruchtsäften, Tee und Gemüsebrühe. Da purzeln die Pfunde. Außerdem spart sie so eine Menge Geld. Und morgens joggt sie am Strand entlang. Davon wird man auch dünner.

Wenn sie dann von Mallorca heimkehrt, ist sie fast so schlank wie die Models, die man immer in den Illustrierten sieht. Aber kaum sitzt sie wieder den ganzen Tag in ihrem Büro vor dem Computer, nimmt sie von Neuem zu. Denn sie kann ja nicht immer nur von Säften leben. Im September merkt man noch kaum was, aber im Oktober lässt es sich nicht mehr übersehen, dass sie wieder mächtig zugenommen hat. Im November platzen die ersten Nähte und im Dezember passen ihr viele Kleider nicht mehr.

Bis zum Ende jeden Jahres wird Oma Lydia so dick, dass sie sich nur noch in sehr faltigen Gewändern sehen lassen kann. Das kommt, weil sie am 25. November Geburtstag hat. Den feiert sie drei Tage lang, denn sie hat so viele Freundinnen: Drei große Partys mit üppigem Büfett einschließlich Kuchen und Torten, das geht nicht spurlos vorüber. Danach kommt die Adventszeit mit der üblichen Plätzchenbäckerei. Überall stehen dann Schüsseln mit feinstem Gebäck, dem man als Besucher kaum widerstehen kann. Dann der Weihnachtsabend und die zwei Weihnachtsfeiertage mit Gänse- und Putenbraten und leckeren Soßen und wieder Torte und Kuchen. Und schließlich noch der Silvesterabend und der Neujahrstag – das ist der Höhepunkt!

»Ich mag dich auch so dick«, hat Kevin schon oft zu Oma Lydia gesagt. Er meint es ehrlich und drückt ihr viele kleine Küsse auf ihre Hängebäckchen.

Aber sie findet das wie die meisten Erwachsenen hässlich.

Leider bedeutet Dicksein für Erwachsene Hässlichsein. Kevins Oma möchte zu den Schönen gehören. Deshalb hungert sie bis zum Sommer viele ihrer Pfunde wieder herunter.

Sie schwitzt in der Sauna, lässt sich massieren und besucht zweimal in der Woche ein Fitnessstudio, wo sie sich auf einem Laufband abrackert, bis der Schweiß rinnt. Sie probiert immer wieder andere Diäten aus, aber noch keine hat ihr richtig geholfen.

Gern würde sie sich das Fett in einer Schönheitsklinik absaugen lassen, aber das ist teuer. Das kann sie sich nicht leisten.

Am erfolgreichsten ist immer noch das Hungern. Das heißt: pro Tag nicht mehr als ein Apfel, zwei Salatblättchen und eine mittelgroße Kartoffel. Spaß macht das natürlich nicht – wo Oma Lydia doch so gern kocht und isst! Sie beißt die Zähne zusammen und hungert weiter, damit sie rechtzeitig vor der Abreise nach Mallorca wieder in ihren Badeanzug passt. Denn dick im Badeanzug, meinen die Leute, ist noch viel hässlicher als dick im Hosenanzug oder im Kleid.

Doch in diesem Frühjahr geriet sie in Panik: Die überzähligen Pfunde wollten einfach nicht weichen.

»Wo ich doch schon das Flugticket gekauft habe!«, jammerte sie.

Kevin hätte ihr gern geholfen, aber er wusste nicht, wie. Seine Mama auch nicht. Niemand in ihrem großen Bekanntenkreis konnte ihr helfen – bis auf eine gertenschlanke Freundin, die Heilpraktikerin war.

Die traf sich mit ihr in einem Café, reichte ihr unter dem Tisch ein Schächtelchen mit der Aufschrift SCHLANKOVIT FORTE und flüsterte ihr zu: »Ein Geheimtipp. Hilft garantiert. Jeden Morgen vor dem Frühstück musst du eine Tablette mit Wasser runterspülen, dann verlierst du etwa ein halbes Pfund pro Tag. Aber nach zehn Tagen musst du unbedingt eine Pause von wieder zehn Tagen einlegen, sonst ist die Wirkung nicht mehr zu stoppen, hörst du? Dann schrumpfst du weiter, bis du weg bist. Vergiss das nicht!«

»Jaja«, sagte Oma Lydia und riss ihr fast das Schächtelchen aus der Hand.

Sie hängte ihre ganze Hoffnung an diese Tabletten. Jeden Tag ein halbes Pfund weniger – nicht auszudenken!

Gleich am nächsten Morgen begann Kevins Oma mit der ersten Tablette. Die wirkte sofort – und wie! Jeden Tag wog Oma wirklich ein halbes Pfund weniger. Man konnte fast dabei zusehen, wie sie schrumpfte! Ihre Freundinnen staunten, ihre Tochter staunte, ihr Enkel Kevin staunte am meisten. Ihre Wangen wurden schmaler, ihre Arme und Beine schlanker, die Fettpolster von Po und Hüften schmolzen dahin.

Oma Lydia rief mindestens einmal pro Tag Kevins Mama an, gab durch, wie viel sie jetzt wog, und jubelte. Nun passte sie schon wieder in ihren Lieblings-Hosenanzug, drei Tage später in ihr gelbes Sommerkleid, kurz danach in ihre Bermudashorts! Als sie Kevin abholte, um mit ihm in den Zoo zu gehen, erkannte er sie im ersten Augenblick gar nicht wieder!

»Wenn das nur gut geht«, seufzte Kevins Mama.

Tja, es ging nicht gut. Denn Oma Lydia hielt sich nicht an den Rat ihrer Freundin, sondern dachte: Jetzt bin ich gerade so schön am Abnehmen. Warum soll ich da aufhören? Und sie machte einfach weiter, ohne Pause. Bis in der Fußgängerzone ein Schuljunge auf sie zeigte und rief: »Ist die aber dürr!«

Da merkte sie, dass sie schon viel magerer war, als sie eigentlich sein wollte. Ihre Bermudashorts schlotterten ihr um die Beine und ihr Chef erkundigte sich besorgt, ob sie krank sei.

Ab diesem Tag nahm Oma Lydia keine SCHLANKOVIT-FORTE-Tabletten mehr ein. Keine einzige.

Aber die Pause kam zu spät. Sie hatte nämlich schon 31 Tage nacheinander die Tabletten eingenommen und wurde dürrer und dürrer. Das ließ sich nicht mehr stoppen. Sie wollte ihre Tochter anrufen, aber sie schämte sich. Ein paar Tage später wollte sie den Notarzt anrufen. Aber sie hatte nicht mehr genug Kraft, die Nummer einzutippen.

Nachdem Kevins Mama seit Tagen keinen Anruf mehr von ihrer Mutter erhalten hatte, fuhr sie zu ihr hin. Der Spiegel in ihrem Schlafzimmer war ganz beschlagen. Und Oma war nicht mehr da.

Da klingelte es: Es war die Freundin, von der Oma die Tabletten bekommen hatte. Sie hatte ebenfalls nach Oma sehen wollen, weil sie nichts mehr von ihr gehört hatte. Als sie sie nicht fand, konnte sie sich natürlich gleich denken, dass das an der nicht eingehaltenen Tablettenpause lag.

Zum Glück besaß sie ein Gegenmittel, das alles wieder rückgängig macht. Es heißt VOLVERONAL RETARD und hat einen noch viel stärkeren Geruch als japanisches Heilpflanzenöl. Das Fläschchen musste drei Tage lang offen in der Wohnung von Kevins Oma stehen. Genau gesagt: vor dem großen Spiegel. Sobald der wieder ganz blank war, war auch Oma Lydia wieder da.

Ja, sie ist da! Allerdings so dick wie früher. Aber das macht Kevin nichts aus. Er mag seine Oma so, wie sie ist. Egal, ob dick oder dünn.

Der dicke Mann

Es war einmal ein dicker Mann
in einem großen Hause.
Der aß und schlief und schlief und aß
und schlemmte ohne Pause.

Am Morgen fing das Schlemmen an.
Man sollte es nicht glauben:
Zum Frühstück aß der dicke Mann
schon sechs gebratne Tauben.

Zum zweiten Frühstück schmauste er
zwei Kilo rohen Schinken.
War der vertilgt, so pflegte er
vier Liter Milch zu trinken.

Zum Mittag gabs ein ganzes Reh
und Wein von allen Sorten.
Um vier Uhr aß er zum Kaffee
drei Schokoladentorten.

Die Leute in der Nachbarschaft,
die werkelten am Tage;
er aber steckte Zeit und Kraft
nur in die Fressgelage.

Der Schmied, wenn er zur Arbeit ging,
der sah den Dicken essen.
Auch Schneidermeister Zipperling
sah ihn tagtäglich fressen.

Man sah ihn selbst zur Abendzeit
beim Scheine vieler Lampen
noch immer voll Gefräßigkeit
an seinem Tisch schlampampen.

Und Schmied und Wirt und Pastors Sohn
und Zipperling, der Schneider,
die riefen: »Ach, wir ahnen schon
sein Ende. Leider, leider!«

Und wirklich: Die Gefräßigkeit,
die nahm ein schlimmes Ende.
Zu Pfoten wurden mit der Zeit
die Füße und die Hände.

Der Mund, er wurde nach und nach
zu einem Schweinerüssel.
Bald fraß er wie ein Ferkelchen
aus seiner Futterschüssel.

Und was aus ihm geworden ist,
ist eine Katastrophe:
Er wühlt jetzt Eicheln aus dem Mist
auf einem Bauernhofe.

JAMES KRÜSS

THOMAS MANN

Weihnachten bei den Buddenbrooks

Alle hatten heute früher als sonst zu Mittag gegessen und sich daher mit Tee und Biskuits ausgiebig bedient. Aber man war kaum damit fertig, als große Kristallschüsseln mit einem gelben, körnigen Brei zum Imbiss herumgereicht wurden. Es war Mandelcreme, ein Gemisch aus Eiern, geriebenen Mandeln und Rosenwasser, das ganz wundervoll schmeckte, das aber, nahm man ein Löffelchen zu viel, die furchtbarsten Magenbeschwerden verursachte. Dennoch, und obgleich die Konsulin bat, für das Abendbrot »ein kleines Loch offen zu lassen«, tat man sich keinen Zwang an. Was Klothilde betraf, so vollführte sie Wunderdinge. Still und dankbar löffelte sie die Mandelcreme, als wäre es Buchweizengrütze. Zur Erfrischung gab es auch Weingelee in Gläsern, wozu englischer Plumcake gegessen wurde. Nach und nach zog man sich ins Landschaftszimmer hinüber und gruppierte sich mit den Tellern um den Tisch. Hanno blieb allein im Saale zurück, denn die kleine Elisabeth Weinschenk war nach Hause gebracht worden, während er dieses Jahr zum ersten Male zum Abendessen in der Mengstraße bleiben durfte, die Dienstmädchen und die Hausarmen hatten sich mit ihren Geschenken zurückgezogen und Ida Jungmann plauderte in der Säulenhalle mit Riekchen Severin, obgleich sie, als Erzieherin, der Jungfer gegenüber gewöhnlich eine strenge gesellschaftliche Distanz innehielt. Die Lichter des großen Baumes waren herabgebrannt und ausgelöscht, sodass die Krippe nun im Dunkel lag; aber einzelne Kerzen an den kleinen Bäumen auf der Tafel brannten noch und hie und da geriet ein Zweig in den Bereich eines Flämmchens, sengte knisternd an und verstärkte den Duft, der im Saale herrschte. Jeder Lufthauch, der die Bäume berührte, ließ die Stücke Flittergoldes, die daran befestigt waren, mit einem zart metallischen Geräusch erschauern. Es

126

war nun wieder still genug, die leisen Drehorgelklänge zu vernehmen, die von einer fernen Straße durch den kalten Abend daherkamen. Hanno genoss die weihnachtlichen Düfte und Laute mit Hingebung. Er las, den Kopf in die Hand gestützt, in seinem Mythologiebuch, aß mechanisch und weil es zur Sache gehörte, Konfekt, Marzipan, Mandelcreme und Plumcake, und die ängstliche Beklommenheit, die ein überfüllter Magen verursacht, vermischte sich mit der süßen Erregung des Abends zu einer wehmütigen Glückseligkeit. Er las von den Kämpfen, die Zeus zu bestehen hatte, um zur Herrschaft zu gelangen, und horchte dann und wann einen Augenblick ins Wohnzimmer hinüber, wo man Tante Klothildes Zukunft eingehend besprach. [...]

Um neun Uhr ging man zu Tische.
Wie alljährlich an diesem Abend war in der Säulenhalle gedeckt worden. Die Konsulin sprach mit herzlichem Ausdruck das hergebrachte Tischgebet:

>>Komm, Herr Jesus, sei unser Gast
und segne, was du uns bescheret hast<<,

woran sie, wie an diesem Abend ebenfalls üblich, eine kleine, mahnende Ansprache schloss, die hauptsächlich aufforderte, aller derer zu gedenken, die es an diesem Heiligen Abend nicht so gut hätten wie die Familie Buddenbrook ... Und als dies erledigt war, setzte man sich mit gutem Gewissen zu einer nachhaltigen Mahlzeit nieder, die alsbald mit Karpfen in aufgelöster Butter und mit altem Rheinwein ihren Anfang nahm. [...]
Der Puter, gefüllt mit einem Brei von Maronen, Rosinen und Äpfeln, fand das allgemeine Lob. Vergleiche mit denen früherer Jahre wurden angestellt und es ergab sich, dass dieser seit langer Zeit der größte war. Es gab gebratene Kartoffeln, zweierlei Gemüse und zweierlei Kompott dazu und die kreisenden Schüsseln enthielten Portionen, als ob es sich bei jeder einzelnen von ihnen nicht um eine Beigabe und Zutat, sondern um das Hauptgericht handelte, an dem alle sich sättigen sollten. Es wurde alter Rotwein von der Firma Möllendorpf getrunken.

127

Der kleine Johann saß zwischen seinen Eltern und verstaute mit Mühe ein weißes Stück Brustfleisch nebst Farce in seinem Magen. Er konnte nicht mehr so viel essen wie Tante Thilda, sondern fühlte sich müde und nicht sehr wohl; er war nur stolz darauf, dass er mit den Erwachsenen tafeln durfte, dass auch auf *seiner* kunstvoll gefalteten Serviette eins von diesen köstlichen, mit Mohn bestreuten Milchbrötchen gelegen hatte, dass auch vor *ihm* drei Weingläser standen, während er sonst aus dem kleinen, goldenen Becher, dem Patengeschenk Onkel Krögers, zu trinken pflegte … Aber als dann, während Onkel Justus einen ölgelben griechischen Wein in die kleinsten Gläser zu schenken begann, die Eisbaisers erschienen – rote, weiße und braune –, wurde auch sein Appetit wieder rege. Er verzehrte, obgleich es ihm fast unerträglich weh an den Zähnen tat, ein rotes, dann die Hälfte eines weißen, musste schließlich doch auch von den braunen, mit Schokoladeeis gefüllten, ein Stück probieren, knusperte Waffeln dazu, nippte an dem süßen Wein und hörte auf Onkel Christian, der ins Reden gekommen war. […]

Bevor man zu Butter und Käse überging, ergriff die Konsulin noch einmal das Wort zu einer kleinen Ansprache an die Ihrigen. Wenn auch nicht alles, sagte sie, im Laufe der Jahre sich so gestaltet habe, wie man es kurzsichtig und unweise erwünscht habe, so bleibe doch immer noch übergenug des sichtbarlichen Segens übrig, um die Herzen mit Dank zu erfüllen. Gerade der Wechsel von Glück und strenger Heimsuchung zeige, dass Gott seine Hand niemals von der Familie gezogen, sondern dass er ihre Geschicke nach tiefen und weisen Absichten gelenkt habe und lenke, die ungeduldig ergründen zu wollen man sich nicht erkühnen dürfe. Und nun wolle man, mit hoffendem Herzen, einträchtig anstoßen auf das Wohl der Familie, auf ihre Zukunft, jene Zukunft, die da sein werde, wenn die Alten und Älteren unter den Anwesenden längst in kühler Erde ruhen würden … auf die Kinder, denen das heutige Fest ja recht eigentlich gehöre …

Und da Direktor Weinschenks Töchterchen nicht mehr anwesend war, musste der kleine Johann, während die Großen auch untereinander sich zutranken, allein einen Umzug um die Tafel halten, um mit allen, von der Großmutter bis zu Mamsell Severin hinab, anzustoßen. Als er zu seinem Vater kam, hob der Senator, indem er sein Glas dem des Kindes näherte, sanft Hannos Kinn empor, um ihm in die Augen zu sehen … Er fand nicht seinen Blick; denn Hannos lange, goldbraune Wimpern hatten sich tief, tief, bis auf die zart bläuliche Umschattung der Augen gesenkt.

Therese Weichbrodt aber ergriff seinen Kopf mit beiden Händen, küsste ihn mit leise knallendem Geräusch auf jede Wange und sagte mit einer Betonung, so herzlich, dass Gott ihr nicht widerstehen konnte: »Sei glöcklich, du gutes Kend!«

Eine Stunde später lag Hanno in seinem Bett, das jetzt in dem Vorzimmer stand, welches man vom Korridor der zweiten Etage aus betrat und an das zur Linken das Ankleidekabinett des Senators stieß. Er lag auf dem Rücken, aus Rücksicht auf seinen Magen, der sich mit all dem, was er im Laufe des Abends hatte in Empfang nehmen müssen, noch keineswegs ausgesöhnt hatte, und sah mit erregten Augen der guten Ida entgegen, die, schon in der Nachtjacke, aus ihrem Zimmer kam und mit einem Wasserglase vor sich in der Luft umrührende Kreisbewegungen beschrieb. Er trank das kohlensaure Natron rasch aus, schnitt eine Grimasse und ließ sich wieder zurückfallen.

»Ich glaube, nun muss ich mich erst recht über geben, Ida!«

Vom Schlaraffenland

Kommt, wir wollen uns begeben
jetzo ins Schlaraffenland.
Seht, da ist ein lustig Leben
und das Trauern unbekannt!
Seht, da lässt sich billig leben
und umsonst recht lustig sein,
Milch und Honig fließt in Bächen,
aus den Felsen quillt der Wein.

Und von Kuchen, Butterwecken
sind die Zweige voll und schwer.
Feigen wachsen in den Hecken,
Ananas im Busch umher.
Keiner darf sich mühn und bücken,
alles stellt von selbst sich ein.
Oh, wie ist es zum Entzücken!
Ei, wer möchte dort nicht sein.

Und die Straßen allerorten,
jeder Steg und jede Bahn,
sind gebaut aus Zuckertorten
und Bonbons und Marzipan.
Und von Brezeln sind die Brücken
aufgeführt gar hübsch und fein.
Oh, wie ist es zum Entzücken!
Ei, wer möchte dort nicht sein.

Ja, das mag ein schönes Leben
und ein herrlich Ländchen sein.
Mancher hat sich hinbegeben,
aber keiner kam hinein.
Ja, und habt ihr keine Flügel,
nie gelangt ihr bis ans Tor,
denn es liegt ein breiter Hügel
ganz von Pflaumenmus davor.

AUGUST HEINRICH HOFFMANN

Nach-Speise

Vanilleschnitzel und
Erdbeertomaten,
Marmeladesoße und
Senfbananen,
Nudelpommesfrites und
Schokobraten
sind in meinem Magen
durcheinandergeraten

rumpeldibumm,
da drin geht's um.

WOLFGANG WAGERER

Verzeichnis der Autoren und Quellen

Ada Bertram (leider liegen keine Angaben vor).
Die drei Knödel aus: Jella Lepman (Hrsg.), *Die Katze mit der Brille. Die schönsten Gutenachtgeschichten*, © 1959 Europa Verlag AG, Zürich

Wolfgang Borchert (1921–1947) war Buchhändler und Schauspieler. Er schrieb Kurzgeschichten, Gedichte und ein Theaterstück und gilt als wichtiger Vertreter der sogenannten »Trümmerliteratur«. Bekannt wurde er durch sein Heimkehrerdrama *Draußen vor der Tür*, mit dem sich in der Nachkriegszeit viele Menschen identifizieren konnten.
Das Brot aus: ders., *Das Gesamtwerk*, hrsg. von Michael Töteberg unter Mitarbeit von Irmgard Schindler, © 2007 Rowohlt Verlag GmbH, Reinbek bei Hamburg

Heike Brandt (geboren 1947 in Jever) wuchs in Berlin auf, wo sie heute noch lebt. 1976 gründete sie den Kinderbuchladen Kreuzberg, in dem sie viele Jahre arbeitete. Heike Brandt schreibt für Kinder und Jugendliche, außerdem ist sie als Rundfunkautorin, Übersetzerin und Rezensentin tätig.
Die Schokoladentäfelchen aus: dies., *Schokolade und andere Geheimnisse*, © 2011 Gerstenberg Verlag, Hildesheim

Wilhelm Busch (1832–1908) war Maler, Zeichner und Dichter. Er gilt als einer der bekanntesten und volkstümlichsten deutschen Humoristen. Bekannt wurde er durch seine humorvollen, oft aber auch bitterbösen Bildergeschichten wie *Max und Moritz*.
Geschmackssache, Die Schnecken, Pfannkuchen und Salat aus: ders., *Gesamtausgabe in vier Bänden*, hrsg. von Friedrich Bohne, Band 4, Emil Vollmer Verlag, Wiesbaden, o.J.

Georg Bydlinski (geboren 1956 in Graz) schreibt Romane und Gedichte für Kinder und Erwachsene und ist auch als Übersetzer tätig. Für sein umfangreiches Werk wurde er mehrfach ausgezeichnet, u. a. mit dem Österreichischen Staatspreis für Kinderlyrik und dem Österreichischen Kinder- und Jugendliteraturpreis.
Küchenkonzert aus: ders., *Wasserhahn und Wasserhenne*, Dachs-Verlag, Wien 2002, © Georg Bydlinski

Matthias Claudius (1740–1815) aus Wandsbek bei Hamburg war ein volkstümlicher Dichter und Prosaschriftsteller. Seine ganz einfach erscheinenden Gedichte und Lieder sind voll gläubiger Innerlichkeit. Claudius sah die kleinen Dinge der Welt als Spiegel des Großen und Ewigen.
Kartoffellied aus: ders., *Werke*, Stuttgart 1965

Carl Colshorn (1812–1855) und **Theodor Colshorn** (1821–1896) gaben gemeinsam die populäre Sammlung *Märchen und Sagen aus Hannover* heraus. Der ältere Bruder Carl war Kantor, während Theodor Colshorn als Lehrer arbeitete.
Vom dicken fetten Pfannekuchen aus: dies., *Märchen und Sagen aus Hannover*, Hannover 1854

Martin Ebbertz (geboren 1962 in Aachen) studierte Germanistik, Philosophie und Geschichte. Nebenbei arbeitete er als Flohmarkthändler und Antiquar. 1992 erschien sein erstes Kinderbuch. Heute ist er freier Schriftsteller und lebt mit seiner Familie in Boppard und Frankfurt am Main.
Das vorlaute Brötchen, Der sportliche Emmentaler, Der Eiskönig © Martin Ebbertz

Michael Ende (1929–1995) veröffentlichte Theaterstücke, Lyrik, Romane und Kinderbücher. Als Kinderbuchautor berühmt wurde er durch *Jim Knopf und Lukas, der Lokomotivführer* sowie *Die unendliche Geschichte* und *Momo*. Er wurde vielfach ausgezeichnet, u. a. mit dem Deutschen Jugendliteraturpreis.
Ein sehr kurzes Märchen aus: ders., *Die Schattennähmaschine*, © 1982 Thienemann Verlag GmbH, Stuttgart/Wien

Heinz Erhardt (1909–1979) war einer der beliebtesten deutschen Komiker. Der Schauspieler, Humorist und Dichter gilt als populärster Vertreter der deutschen Nonsensdichtung.
Vom Alten Fritz, Die Weihnachtsgans, Warum die Zitronen sauer wurden, aus: ders., *Das große Heinz Erhardt Buch*, © 2009 Lappan Verlag, Oldenburg

Theodor Fontane (1819–1898) wurde berühmt durch seine Gesellschaftsromane über die Welt des Berliner und märkischen Adels und Bürgertums. Seine Balladen sind seit hundert Jahren populär. Das hier abgedruckte Gedicht *Weiße Rübensuppe* ist dem Rezept der Hexenszene in Shakespeares Macbeth nachempfunden.
Weiße Rübensuppe, Herr von Ribbeck auf Ribbeck im Havelland aus: ders., *Gedichte in einem Band*, Insel Verlag, Frankfurt am Main und Leipzig 1998

Robert Gernhardt (1937–2006) studierte Malerei und Germanistik in Stuttgart und Berlin und arbeitete ab 1964 als freier Maler, Zeichner, Karikaturist und Schriftsteller in Frankfurt am Main. Gernhardt war Mitbegründer der Satire-Zeitschrift *Titanic*. Er veröffentlichte Bildergeschichten, Satiren, ironische Erzählungen und Gedichte sowie Kinderbücher.
Brot aus: *Die Tollen Hefte 22*, Büchergilde Gutenberg 2003, © Nachlass Robert Gernhardt, durch Agentur Schlück. Alle Rechte vorbehalten

Johann Wolfgang von Goethe (1749–1832) gilt als größter deutscher Dichter. Mit seinen umfassenden Begabungen, Interessen und Kenntnissen, auch als Staatsmann und Naturwissenschaftler, erlangte er in der europäischen Literatur- und Geistesgeschichte der Neuzeit einen einzigartigen Rang. Goethe schrieb Gedichte, Dramen und Romane.
Lotte verteilt Brot an die Kinder aus: ders., *Die Leiden des jungen Werther,* aus: *Goethes Werke*, Hamburger Ausgabe in 14 Bänden, Band 6, hrsg. von Erich Trunz, München 1981

Josef Guggenmos (1922–2003) wurde im Allgäu geboren, wo er bis zuletzt lebte. Er veröffentlichte Übersetzungen, Lyrik, Erzählungen und Kinderbücher. Bekannt wurde er vor allem durch seine Kindergedichte. 1968 erhielt er den Deutschen Jugendbuchpreis, 1993 den Deutschen Jugendliteraturpreis für sein Gesamtwerk.
Die Bohne aus: ders., *Ich will dir was verraten,* © 1992 Beltz & Gelberg in der Verlagsgruppe Beltz, Weinheim/Basel, **Wie war das vor tausend Jahren?, Spaghetti, Rot leuchten die Johannisbeeren** aus: ders., *Oh, Verzeihung, sagte die Ameise,* © 1990 Beltz & Gelberg in der Verlagsgruppe Beltz, Weinheim/Basel, **Tschüs!** aus: ders., *Groß ist die Welt,* © 2006 Beltz & Gelberg in der Verlagsgruppe Beltz, Weinheim/Basel, **Müdes, warmes Wetter** aus: ders., *Sonne, Mond und Luftballon,* © 2006 Beltz & Gelberg in der Verlagsgruppe Beltz, Weinheim/Basel

Karin Gündisch (geboren 1948 in Heltau/Rumänien) studierte Deutsch und Rumänisch in Bukarest. Sie arbeitete als Lehrerin, Journalistin und Autorin, daneben veröffentlichte sie Kindergeschichten. Seit 1984 lebt sie als freie Autorin in Süddeutschland. 1984 wurde sie mit dem damals erstmalig vergebenen Peter-Härtling-Preis ausgezeichnet.
Thomas © Karin Gündisch

134

Herbert Günther (geboren 1947 in Göttingen) arbeitete als Buchhändler und Lektor und ist seit 1988 freier Schriftsteller und Übersetzer. Er schreibt Kinder- und Jugendbücher und Drehbücher fürs Fernsehen. U. a. wurde er mit dem Friedrich-Bödecker-Preis ausgezeichnet.
Schlechte Zeiten aus: ders., *Wir Kinder von früher. Bilder und Geschichten aus einer anderen Zeit*, illustriert von Franziska Neubert, © 2011 Klett Kinderbuch, Leipzig

Axel Hacke (geboren 1956 in Braunschweig) ist Journalist und Schriftsteller. Seine journalistische Arbeit wurde u. a. mit dem Joseph-Roth-Preis, dem Egon-Erwin-Kisch-Preis und dem Theodor-Wolff-Preis ausgezeichnet. Hackes Bücher wurden in zahlreiche Sprachen übersetzt.
Kostverächter aus: ders., *Der kleine Erziehungsberater*, © Verlag Antje Kunstmann GmbH, München 2006

Hans Adolf Halbey (1922–2003) war promovierter Germanist. Er arbeitete als Museumsdirektor in Offenbach und unterrichtete später an der Universität Frankfurt. Halbey übersetzte und verfasste Kinderbücher und Gedichte.
Pampelmusensalat © Prof. Dr. H. A. Halbey, Erben

Michael Hammerschmid (geboren 1972 in Salzburg) ist Autor von Gedichten für Kinder und Erwachsene, von Hörspielen und Kurzprosa. Er unterrichtet an der Universität Wien Poetik und übersetzt aus dem Französischen. 2009 erhielt er für seine Lyrik den renommierten Reinhard-Priessnitz-Preis.
blass und süß © Michael Hammerschmid

Heinrich Hannover (geboren 1925 in Anklam/Vorpommern) studierte Jura und ließ sich als Anwalt nieder. Neben seiner juristischen Tätigkeit veröffentlichte er Sachbücher und machte

sich auch als Autor von Kinderbüchern einen Namen. Seine skurrilen und liebenswerten Vorlesegeschichten gehören zu den Klassikern des Genres.
Herrn Aktenstaubs Rehbraten aus: ders., *Was der Zauberwald erzählt*, Gerstenberg Verlag, Hildesheim 2004, © Heinrich Hannover

Heinrich Heine (1797–1856) gilt als bedeutendster deutscher Lyriker in der Übergangszeit zwischen Romantik und Realismus. Er schrieb Natur- und Liebesgedichte, Balladen, politische Gedichte sowie satirische Versgeschichten und Erzählungen.
Ich wollte, meine Lieder aus: ders., *Sämtliche Gedichte in zeitlicher Folge*, hrsg. von Klaus Briegleb, Insel Verlag, Frankfurt am Main und Leipzig 1993

August Heinrich Hoffmann von Fallersleben (1798–1874) schrieb in der Zeit um die deutsche Revolution von 1848 freiheitlich-patriotische Gedichte, u.a. das Deutschlandlied. Er verfasste aber auch volksliedhafte und volkstümlich gewordene Trink-, Liebes- und Kinderlieder wie *Alle Vögel sind schon da* oder *Der Kuckuck und der Esel*.
Vom Honigkuchenmann, Vom Schlaraffenland aus: ders., *Gesammelte Werke*, hrsg. von Heinrich Gerstenberg, Fontane, Berlin 1890 bis 1893

Heinrich Hoffmann (1809–1894) arbeitete als Allgemeinmediziner und Nervenarzt in Frankfurt am Main. Mit dem *Struwwelpeter* schuf der Autor und Illustrator 1844 das erste Bilderbuch, das gereimte Geschichten für Kinder in ganzseitigen Bilderfolgen erzählt.
Die Geschichte vom Zappel-Philipp, **Die Geschichte vom Suppen-Kaspar** aus: ders., *Der Struwwelpeter oder lustige Geschichten und drollige Bilder*, Neudruck nach handkolorierten Struwwelpeter-Ausgaben des 19. Jahrhunderts aus dem Nachlass Heinrich Hoffmanns, Insel Verlag, Frankfurt 1985

Max Huwyler (geboren 1931 in Zug/Schweiz) war Lehrer im Kanton Zürich. Er schreibt Gedichte, Geschichten, Hörspiele, Theaterstücke und Liedtexte und wurde u. a. mit dem Schweizer Jugendbuchpreis sowie dem Preis der Schweizerischen Schillerstiftung ausgezeichnet.
Die Geschichte von der Geschichte im Käseloch © Max Huwyler

Gerald Jatzek (geboren 1956 in Wien) ist Autor, Musiker und Journalist. Er schreibt für Kinder und Erwachsene: Gedichte, Geschichten, Hörspiele und Theaterstücke. Jatzek wurde mit dem Österreichischen Staatspreis für Kinderlyrik und dem Österreichischen Kinderbuchpreis ausgezeichnet.
Vom Tisch und vom Fisch © Gerald Jatzek

Hanna Johansen (geboren 1939 in Bremen) lebt in der Nähe von Zürich. Sie veröffentlichte Übersetzungen aus dem Amerikanischen, Erzählungen und Romane für Erwachsene sowie Geschichten und Gedichte für Kinder. Ihr Werk wurde vielfach ausgezeichnet, u. a. mit dem Ingeborg-Bachmann-Preis und dem Schweizer Jugendbuchpreis.
Das Sonntagshuhn © Hanna Johansen, **Am liebsten Pommes frites**, **Siebenschläferkuchen** aus: dies., *7 x 7 Siebenschläfergeschichten*, illustriert von Käthi Bhend, © Carl Hanser Verlag, München 2000

Erich Kästner (1899–1974) war Journalist und Schriftsteller. 1928 erschien sein Kinderroman *Emil und die Detektive*, der im Berliner Großstadtmilieu angesiedelt ist und richtungsweisend für die moderne realistische Kindererzählung in Deutschland war. Er wurde in rund 60 Sprachen übersetzt. Kästner erhielt 1960 die Hans-Christian-Andersen-Medaille.
Die Sache mit den Klößen aus: ders., *Das verhexte Telefon*, © Atrium Verlag, Zürich 1935, und Thomas Kästner, **Felix holt Senf** aus: ders., *Das Schwein beim Friseur*, © Atrium Verlag, Zürich 1962, und Thomas Kästner

Fritz Koegel (1860–1904) und **Emily Koegel** (gest. 1906) waren verheiratet. Der Schriftsteller Fritz Koegel galt als einer der renommiertesten Nietzsche-Forscher seiner Zeit. Einige seiner Gedichte schrieb er gemeinsam mit seiner Frau Emily.
Der Bratapfel aus: Paul Faulbaum (Hrsg.), *Sonniges Jugendland*, Osterwieck, Zickfeld 1922

James Krüss (1926–1997) war einer der beliebtesten deutschen Kinder- und Jugendbuchautoren. Er verfasste Bilderbuch- und Nonsensverse, Fabeln, Hörspiele sowie realistische, surrealistische und sozialkritische Erzählungen und Romane. 1960 und 1964 erhielt er den Deutschen Jugendbuchpreis, 1968 die Hans-Christian-Andersen-Medaille.
Bratugablisches Küchenlied, Galbolisches Weinlied, Der dicke Mann aus: ders., *Krüss & Quer*, Boje Verlag in der Bastei Lübbe GmbH & Co. KG, © 2009 Bastei Lübbe GmbH & Co. KG, Köln. **Die Biene Liane** aus: ders., *James' Tierleben*, © Carlsen Verlag GmbH, Hamburg 2003

Thomas Mann (1875–1955) zählt zu den bedeutendsten Schriftstellern des 20. Jahrhunderts. Mit ihm erreichte der moderne deutsche Roman den Anschluss an die Weltliteratur. 1929 erhielt er den Nobelpreis für Literatur. Ab 1933 lebte er im Exil, zuerst in der Schweiz, dann in den USA. Erst 1952 kehrte Mann nach Europa zurück, er starb in Zürich.
Specksuppe für den Prediger, Weihnachten bei den Buddenbrooks aus: ders., *Buddenbrooks*, © S. Fischer Verlag, Berlin 1901. Alle Rechte vorbehalten S. Fischer Verlag GmbH, Frankfurt am Main

Hans Manz (geboren 1931 in Wila/Schweiz) lebt in Zürich. Er veröffentlichte Übersetzungen, Lyrik, Dialekttexte, Erzählungen, einen Roman, Sprach- und Kinderbücher. Manz erhielt den Preis der Schweizer Schillerstiftung und den Österreichischen Staatspreis für Lyrik.
Hans © Hans Manz

Stijn Moekaars (geboren 1964 in Bilzen/Niederlande) studierte Musik, Filmwissenschaft und Pädagogik und ist als Lehrer tätig. Außerdem schreibt er Drehbücher und Erzählungen für Kinder und Jugendliche.
Blaubeeren aus: ders., *Kein Tag ohne Bär und Biene. Kleine Geschichten einer dicken Freundschaft*, aus dem Niederländischen von Mirjam Pressler, © 2003 Bibliographisches Institut/Sauerländer, Mannheim

Eduard Mörike (1804–1875) wurde in Ludwigsburg als siebtes von dreizehn Kindern geboren. Er studierte Theologie und war bis zu seiner frühen Pensionierung Pfarrer. Mörike schrieb vor allem Gedichte und Erzählungen.
Auf ein Ei geschrieben aus: ders., *Sämtliche Werke*, Band 1, Winkler Verlag, München 1967

Christian Morgenstern (1871–1914) wurde bekannt durch seine witzigen Verse, die voller Ironie und Tiefsinn sind. Er verfasste jedoch auch ernste Liebes- und Seelenlyrik. Morgenstern schrieb außerdem Aphorismen und übersetzte skandinavische Literatur.
Herr Löffel und Frau Gabel aus: ders., *Gesammelte Werke in einem Band*, München 1965

Salah Naoura (geboren 1964 in Berlin) studierte Germanistik und Skandinavistik. Seit 1995 ist er freier Übersetzer und Autor. Seine Bücher und Übersetzungen wurden mehrfach ausgezeichnet.
Der Fisch © Salah Naoura

Christine Nöstlinger (geboren 1936 in Wien) veröffentlichte Erzählungen, Gedichte, Romane, Drehbücher, Mundarttexte und Kochbücher sowie zahlreiche Kinder- und Jugendbücher. Sie wurde u. a. mit der Hans-Christian-Andersen-Medaille und dem Astrid-Lindgren-Memorial-Award ausgezeichnet.
Der Bohnen-Jim aus: dies., *Das große Nöstlinger Lesebuch*, © Beltz & Gelberg in der Verlagsgruppe Beltz, Weinheim/Basel

Gudrun Pausewang (geboren 1928 in Ostböhmen) arbeitete früher als Grundschullehrerin. Sie schreibt für Kinder und Erwachsene und wurde u. a. mit dem Gustav-Heinemann-Friedenspreis, dem Deutschen Jugendliteraturpreis und dem Großen Preis der Deutschen Akademie für Kinder- und Jugendliteratur für ihr Gesamtwerk ausgezeichnet.
Der Geheimtipp aus: dies., *Die Oma im Drachenbauch und andere Omageschichten*, © 2010 Gerstenberg Verlag, Hildesheim

Joachim Ringelnatz (eigentlich: Hans Bötticher, 1883–1934) führte ein Abenteurerleben u. a. als Schiffsjunge und Flieger. Er war Hausdichter im Münchner Kabarett *Simplicissimus*; später trat er im Kabarett *Schall und Rauch* in Berlin auf, wo er seine Gedichte im Moritaten- und Bänkelsängerton vortrug.
Die Suppe sprach mit leisem Mund, **Es lebte an diskretem Orte**, **Ach, was sind die Menschen schlecht!** aus: ders., *Sämtliche Gedichte*, Diogenes Verlag AG, Zürich 1994

Hans Sachs (1494–1576) wurde in Nürnberg geboren und machte nach dem Besuch der Lateinschule eine Schuhmacherlehre, anschließend ging er auf Gesellenwanderung. Er war Meistersinger, Spruchdichter und Dramatiker. Sachs stellte sich früh auf die Seite der Reformation und verbreitete die Lehre Martin Luthers.
Ein Tischzucht aus: ders., *Werke*, hrsg. von Adelbert von Keller, Stuttgart 1870

137

Jürg Schubiger (geboren 1936 in Zürich) arbeitete in den unterschiedlichsten Berufen, bevor er ein Studium und eine Ausbildung als Therapeut abschloss. Seine hintersinnigen Texte für Kinder berühren philosophische Fragen und sprechen Kinder und Erwachsene an. Er wurde u. a. mit dem Schweizer Jugendbuchpreis und dem Deutschen Jugendliteraturpreis ausgezeichnet.
Der Zauberer und die Köchin, Das große Brot aus: ders., *Als die Welt noch jung war*, © 1995 Beltz & Gelberg in der Verlagsgruppe Beltz, Weinheim/Basel, **Herbstgedicht** aus: Hans-Joachim Gelberg (Hrsg.), *Großer Ozean*, © 2000 Beltz & Gelberg in der Verlagsgruppe Beltz, Weinheim/Basel

Heinrich Seidel (1842–1906) war Ingenieur und freier Schriftsteller. Er zeichnete in seinen Gedichten und Erzählungen optimistisch-humorvolle Idyllen aus dem bürgerlichen Klein- und Vorstadtleben.
Das Huhn und der Karpfen aus: ders., *Glockenspiel*, aus: ders., *Gesammelte Schriften*, A. G. Liebeskind, Leipzig 1897

Jürgen Spohn (1934–1992) war Grafiker und Kinderbuchautor und -illustrator. Ab 1961 lebte er in Berlin und arbeitete als Professor für Grafikdesdign an der Berliner Hochschule der Künste. 1981 wurde er mit dem Deutschen Jugendliteraturpreis ausgezeichnet.
Tischgespräch © Barbara Spohn

Theodor Storm (1817–1888) aus Husum zählt zu den wichtigsten Vertretern eines poetischen Realismus in Deutschland. Seine Lyrik wie auch seine Novellen, angesiedelt in seiner norddeutschen Heimat mit ihrer zuweilen unheimlich-dämonischen Natur, sind bis heute lebendig geblieben.
Inserat aus: ders., *Sämtliche Werke in 4 Bänden*, Hrsg. Dieter Lohmeier, Band 1, Klassiker-Verlag 1987

Toon Tellegen (geboren 1941 in Den Briel/Niederlande) ist Arzt und Autor. 1984 veröffentlichte er einen ersten Band mit Tiergeschichten. Inzwischen zählt er zu den renommiertesten Autoren der Niederlande, dessen poetische Bücher Leser aller Altersgruppen begeistern. 1997 wurde er mit dem Theo-Thijssen-Preis ausgezeichnet.
Der gedeckte Tisch, Eine Torte für jeden aus: ders., *Eichhorn und Ameise feiern Geburtstag*, Aus dem Niederländischen von Mirjam Pressler, © der deutschen Übersetzung: 2003 Bibliographisches Institut / Sauerländer, Mannheim, Text © 1995, Em. Querido's Uitgeverij B.V.

Uwe Timm (geboren 1940 in Hamburg) machte eine Kürschnerlehre, bevor er in München und Paris studierte. Heute lebt er als freier Schriftsteller in München und Berlin. Uwe Timm schreibt für Kinder und Erwachsene. Er wurde u. a. mit dem Deutschen Jugendliteraturpreis, dem Großen Literaturpreis der Bayerischen Akademie der Schönen Künste, dem Schubart-Literaturpreis und dem Heinrich-Böll-Preis ausgezeichnet.
Die Entdeckung der Currywurst aus: ders., *Die Entdeckung der Currywurst*, © 1993 Verlag Kiepenheuer & Witsch GmbH & Co. KG, Köln

Ludwig Uhland (1787–1862) war Jurist und Politiker, Abgeordneter im württembergischen Landtag und 1848 in der Nationalversammlung in der Frankfurter Paulskirche. Als Literaturwissenschaftler galt seine Leidenschaft der mittelalterlichen Literatur. Uhlands Gedichte waren zu seinen Lebzeiten sehr beliebt, sie wurden vielfach vertont.
Einkehr aus: ders., *Werke*, hrsg. v. Hartmut Fröschle und Walter Scheffler, Bd. 1: Sämtliche Gedichte, Winkler, München 1980

Fredrik Vahle (geboren 1942 in Stendal) ist Liedermacher und Autor. 1968 nahm er seine erste Langspielplatte mit Liedern u. a. nach Heinrich Heine auf. Bekannt wurde er vor allem durch seine Kinderlieder wie *Anne Kaffeekanne*.

138

Fischbrötchen denkt an Salat aus: ders., *Fischbrötchen. Aus dem Leben einer naseweisen Schildkröte*, © 2005 Beltz & Gelberg in der Verlagsgruppe Beltz, Weinheim/Basel

Edward van de Vendel (geboren 1964 in Leerdam/Niederlande) arbeitete als Lehrer und Schulleiter, bevor er sich ganz dem Schreiben widmete. Der vielseitige Autor wurde u. a. mit dem Goldenen Kuss, dem Silbernen Griffel und dem Woutertje-Pieterse-Preis ausgezeichnet.
Pudding aus: ders., *Lieb sein, Superguppy!*, aus dem Niederländischen von Rolf Erdorf, Boje Verlag in der Bastei Lübbe GmbH & Co. KG, © 2011 Bastei Lübbe GmbH & Co. KG, Köln

Johann Heinrich Voss (1751–1826) schrieb Gedichte für den Göttinger Musenalmanach, den er später auch herausgab, und war einer der Gründer des Göttinger Hainbundes. Bekannt ist er außerdem als bedeutender Übersetzer, vor allem der großen Epen Homers.
Die Kartoffelernte aus: *Der Neue Conrady. Das große deutsche Gedichtbuch von den Anfängen bis zur Gegenwart*, Artemis und Winkler, Düsseldorf/Zürich 2000

Wolfgang Wagerer (geboren 1954 in Wien) studierte Germanistik und Theologie. Er ist Autor und Herausgeber von Kinderbüchern, Chefredakteur der Zeitschrift *Weite Welt* und Professor für Fachdidaktik in Wien.
Nach-Speise © Wolfgang Wagerer

Die anonymen Texte wurden aus den folgenden Bänden entnommen:
Morgens früh um sechs; **Lirum, larum Löffelstiel**; **Bum bam beier**; **Am Brunnen vor dem Tore**; **Backe, backe, Kuchen** aus: *Allerleirauh. Viele schöne Kinderreime*, versammelt von Hans Magnus Enzensberger, Suhrkamp Verlag, Frankfurt am Main 1961
Meine Mutter schickt mich her aus: *Schnick Schnack Schabernack. Das Hausbuch der Reime und Lieder für die Allerkleinsten*, hrsg. von Renate Raecke und Monika Blume, Gerstenberg Verlag, Hildesheim 2008

Der Verlag dankt allen Autoren und Verlagen für die freundliche Genehmigung zum Abdruck. Leider war es uns nicht in allen Fällen möglich, die Rechteinhaber ausfindig zu machen; alle Ansprüche bleiben gewahrt.

Alphabetisches Verzeichnis

Die Überschriften sind gerade, die Gedichtanfänge *kursiv* gesetzt.

Ach, was sind die Menschen schlecht! 70
Als wir auf dem Schiff saßen 70
Am Brunnen vor dem Tore 94
Am liebsten Pommes frites 52
Auf ein Ei geschrieben 80
Auf einer Meierei 82

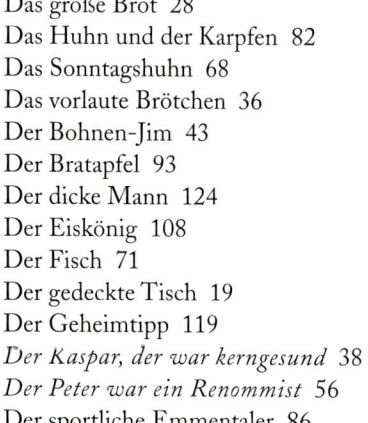

Backe, backe Kuchen 110
Bei der Picknickpause in Pappelhusen 102
Bei einem Wirte, wundermild 92
blass und süß 101
Blaubeeren 98
Bratugablisches Küchenlied 15
Brot 35
Brot ist ein besondres Wort 35
Bum bam beier 80
Butterstück will fort von uns 83

Das Brot 32
Das große Brot 28
Das Huhn und der Karpfen 82
Das Sonntagshuhn 68
Das vorlaute Brötchen 36
Der Bohnen-Jim 43
Der Bratapfel 93
Der dicke Mann 124
Der Eiskönig 108
Der Fisch 71
Der gedeckte Tisch 19
Der Geheimtipp 119
Der Kaspar, der war kerngesund 38
Der Peter war ein Renommist 56
Der sportliche Emmentaler 86
Der Zauberer und die Köchin 16
Die Biene Liane 84
Die Bohne 47
Die drei Knödel 53

Die Entdeckung der Currywurst 62
Die Geschichte vom Suppen-Kaspar 38
Die Geschichte vom Zappel-Philipp 22
Die Geschichte von der Geschichte
    im Käseloch 88
Die Kartoffelernte 48
Die Sache mit den Klößen 56
Die Schnecken 72
Die Schokoladentäfelchen 105
Die Suppe sprach mit leisem Mund 39
Die verehrlichen Jungen 94
Die Weihnachtsgans 67
Dies für den und das für jenen 21
Dieser Fisch auf meinem Tisch 71

Ein kluger Knabe, er hieß Hans 80
Ein sehr kurzes Märchen 55
Ein Tischzucht 24
Eine Torte für jeden 114
Einkehr 92
Es lebte an diskretem Orte 42
Es war einmal ein dicker Mann 124

Felix holt Senf 64
Fischbrötchen denkt an Salat 73

Galbolisches Weinlied 15
Geschmackssache 21
Glugsal glak 15

Hans 80
Hänsel und Knödel 55
Herbstgedicht 95
Herr Löffel und Frau Gabel 13
*Herr von Ribbeck auf Ribbeck
    im Havelland* 96

Herrn Aktenstaubs Rehbraten 69
*Hör, Mensch! wenn du zu Tisch
willt gahn* 24

Ich muss das wirklich mal betonen 103
Ich schreibe dir ein Herbstgedicht 95
ich trinke gerne himbeerwasser 101
Ich wachse, was ich wachsen kann 47
Ich wollte, meine Lieder 42
Inserat 94

Kartoffellied 49
Keine Puppe will ich haben 111
Kinder, kommt und ratet 93
Kindlein, sammelt mit Gesang 48
Klopf ganz leise auf den Topf 14
Kommt, wir wollen uns begeben 130
Kostverächter 60
Küchenkonzert 14

Lirum, larum Löffelstiel 12
Lotte verteilt Brot an die Kinder 30

Mästat gabil löftat reibil 15
Meine Großmutter hatte Hühner 68
*Meine Mu, meine Mu, meine Mutter schickt
mich her* 110
Meine Mutter schickt mich her 110
Mittagsstille. Sommerzeit 100
Morgens früh um sechs 12
Müdes, warmes Wetter 83

Nach-Speise 132

Ob der Philipp heute still 22
Ostern ist zwar schon vorbei 80

Pampelmusensalat 102
Pasteten hin, Pasteten her 49
Pfannkuchen und Salat 76
Pudding 104
Puddingspeise, wackelst leise 104

Rindfleisch schlage, stampfe, klopfe 40
Rötlich dämmert es im Westen 72
Rot leuchten die Johannisbeeren 100

Schlechte Zeiten 50
Siebenschläferkuchen 112
Spaghetti 58
Specksuppe für den Prediger 41

Thomas 118
Tiefgefroren in der Truhe 67
Tischgespräch 55
Tschüs! 70

Vanilleschnitzel und Erdbeertomaten 132
Vom Alten Fritz 51
Vom Alten Fritz, dem Preußenkönig 51
Vom dicken fetten Pfannekuchen 78
Vom Honigkuchenmann 111
Vom Schlaraffenland 130
Vom Tisch und vom Fisch 18
Von Fruchtomeletts, da mag berichten 76

Warum die Zitronen sauer wurden 103
Weihnachten bei den Buddenbrooks 126
Weiße Rübensuppe 40
Wie war das vor tausend Jahren? 51
Willst du, so sprach der Mops 55

141

Birgit Lockheimer, geboren 1959 in Freiburg, studierte französische, deutsche und spanische Philologie an den Universitäten Freiburg, Heidelberg und Poitiers. Nach dem Studium übte sie verschiedene Lehrtätigkeiten aus und arbeitete beim Fernsehen, bevor sie ein Volontariat in einem Buchverlag absolvierte. Seit 1991 ist sie Lektorin für Kinder- und Jugendbücher.

Sonja Bougaeva wurde 1975 in Sankt Petersburg geboren. Dort studierte sie an der Staatlichen Kunstakademie und schloss eine Ausbildung als Trickfilmanimatorin an. Seit 1998 lebt sie in Hamburg, wo sie an der Fachhochschule für Gestaltung die Illustrationsklasse besuchte. Heute arbeitet sie für internationale Verlage. Sonja Bougaeva war für den *Deutschen Jugendliteraturpreis* nominiert und wurde mit dem *Premio Club Kirico* und dem *Prix des Incorruptibles* ausgezeichnet.

Lautstand, Interpunktion und Orthografie wurden auf
Grundlage der neuen Rechtschreibung behutsam überarbeitet.

1. Auflage 2013
Copyright © 2013 Gerstenberg Verlag, Hildesheim
Alle Rechte vorbehalten
Einband- und Innenillustrationen: Sonja Bougaeva
Layout: Matrix Buchkonzepte
Christina Modi & Maren Orlowski GbR, Hamburg
Druck- und Bindung: TBB, a.s., Banská Bystrica
Lithografie: SchwabScantechnik, Göttingen
Printed in the Slovak Republic
www.gerstenberg-verlag.de

ISBN 978-3-8369-2696-6